TORNANDO-SE PROFESSOR DO

# EINSTEIN

# TORNANDO-SE PROFESSOR DO
# EINSTEIN

*Seis passos para despertar o gênio em seus estudantes*

ERIKA TWANI

Tornando-se professor do Einstein. Seis passos para despertar o gênio em seus estudantes.



Erika Twani
www.ErikaTwani.com
et@erikatwani.com

ISBN:
978-1-7361683-6-3 (capa dura)
978-1-7361683-7-0 (capa comum)
978-1-7361683-8-7 (livro eletrônico)

Impresso nos Estados Unidos de América

Desenho da capa e do interior: 1106 Design
Fotografia da capa: Yuganov Konstantin
Tradução: Henrique Mariotto
Edição: Erika Twani e Renato Mendes Oliveira

A todos os estudantes. Existe a esperança de um
mundo melhor, e ele está nas mãos de vocês.

Ao meu velho amigo e fonte de sabedoria, Greg Butler.
Você teria adorado as coisas que pus neste livro.

Ao meu melhor amigo e marido, Brian, com
quem a vida é a aventura perfeita.

# SUMÁRIO

# PREFÁCIO

"Foi a melhor época, foi a pior época . . ." A famosa linha de abertura de *Um conto de duas cidades* (Editora Principis, 2020), livro de Charles Dickens publicado em 1859, é um paradoxo em que continuamos a viver. Ele descreve a própria vida. Erika Twani nos faz pensar ao explorar esse paradoxo na década em que vivemos. Esta é a melhor das épocas, no que tange os notáveis desenvolvimentos tecnológicos, que têm enriquecido as nossas vidas de maneiras que nunca teríamos imaginado e que continuarão a fazê-lo ainda por muitos anos. Esta também pode ser a pior das épocas, se estancarmos nesses avanços tecnológicos e ignorarmos o recado para evoluirmos a educação dos nossos filhos.

Como muitos professores, minha aspiração sempre foi contribuir para o sucesso e a felicidade dos meus estudantes ao ajudá-los a fazer o que amam. Eu adoraria ter sido a professora de Albert Einstein. O que poderia descrever melhor meu impacto e influência no mundo do que ser a professora de alguém que fez tantas contribuições significativas ao nosso entendimento de como as forças do mundo funcionam? Eu também teria adorado ser a professora de Wolfgang Amadeus Mozart. Embora esses gênios sejam raros, depois de 30 anos ensinando pessoas de todas as idades, passei a apreciar os diversos cientistas, artistas e outros que, por nossa relação de aprendizado, descobriram os gênios dentro de si.

O trabalho da Erika, definitivamente, soma-se ao meu trabalho com o aprendizado personalizado e com os Hábitos da Mente.

Ao ler este livro, você entenderá o porquê de o ensino ser essencial para equipar o aluno do século XXI. Erika nos ajuda a entender a história do desenvolvimento da inteligência artificial e as muitas maneiras em que ela já está presente em nossas vidas—por bem ou por mal. Ela nos ajuda a observar o equilíbrio entre a inteligência artificial e a inteligência biológica, algo que raramente discutimos na esfera da educação.

Com enorme clareza, Erika apresenta uma descrição de fácil entendimento sobre como o cérebro funciona e demonstra a relação entre o que a inteligência artificial pode fazer e o que a inteligência biológica pode fazer, além de como uma aprimora a outra. Enquanto lia este livro, refleti constantemente sobre o paradoxo de que a tecnologia poderia ser uma fonte de destruição e medo, ou uma fonte de empoderamento para se construir um futuro mais consciente. Com a Erika, escolhi a segunda opção, e o restante deste livro apresenta os passos desse caminho.

Em seus diversos exemplos práticos, Erika pede que os leitores aceitem o desafio de tomar uma atitude para criar um ambiente centrado nos humanos, no qual os estudantes se comprometam e se engajem profundamente em suas experiências como estudantes. Ela nos mostra por que eles devem ter controle sobre suas escolhas e por que devem descobrir e desejar realizar seus sonhos e aspirações de uma forma clara e prática. Eles precisam entender que o conhecimento é apenas "poder em potencial"—algo que se torna "poder" para os estudantes quando tem um propósito definido para a sua aplicação.

Ao fazer isso, Erika oferece uma visão sobre o que significa ser um professor no século XXI. Entender sua abordagem e colocá-la em prática pode ser uma tarefa difícil para quem já é professor há muitos anos. Mesmo assim, ela consegue simplificar uma metodologia profunda e complexa, que faz jus à necessidade dos estudantes do século XXI de desenvolver relacionamentos, autonomia e engajamento. Ela nos lembra de que o papel do professor é como aquele de um tutor, que dá *feedbacks* constantes e encoraja os estudantes a persistir.

~Dra. Bena Kallick

# INTRODUÇÃO

"Se não nós, quem?
Se não agora, quando?"

E ram duas da manhã de um dia de semana. Eu já estava na minha décima segunda xícara de café, trabalhando em um código de COBOL depois de estudar o básico sobre bases de dados relacionais em um livro emprestado da biblioteca. Para quem não sabe o que é COBOL, era uma linguagem computacional para *mainframe*, tipo de servidor central que ocupava uma sala inteira, amplamente utilizada no século passado. Sim, faz tempo. Eu tinha que criar os códigos em papel e, então, perfurar vários cartões do tamanho de um bilhete de loteria. No dia seguinte, eu levava os cartões para serem processados no laboratório do *mainframe* e torcia para que funcionassem.

Às duas da manhã, a casa estava em silêncio. Eu ouvia um ou outro carro passando pela rua principal e a dissonância dos grilos cantando. Meu corpo, como o de qualquer ser humano normal, queria muito dormir. O café era meu amigo e me ajudava a ficar acordada a cada noite, em dias que começavam às seis da manhã e terminavam às três da manhã do dia seguinte. Era assim que eu dava conta de trabalhar, ir à faculdade e estudar em casa. Então no meu quarto semestre do curso de engenharia de *software*, diversas vezes me perguntei se deveria abandonar o curso.

Naquela noite, depois de um gole no café já frio, comecei a vomitar sem parar. Primeiro, pus para fora tudo que havia comido no dia anterior. Depois, o suco gástrico que o estômago libera quando precisa digerir alguma comida. Mas não havia nada a ser digerido. Eu sentia como se meu corpo estivesse tentando expulsar toda a cafeína que ainda restava, como se, sem sucesso, tentasse bombeá-la para fora da minha corrente sanguínea. Acabei no pronto-socorro e fiquei lá o dia seguinte inteiro. Após diversas aplicações de fluidos na veia, o médico só me liberou com a promessa de que eu não voltaria a tocar em café tão cedo.

Mantive a promessa. Não voltei a encostar em café pelos próximos dez anos. Mas eu ainda tinha que ficar acordada até as três da madrugada todos os dias. Então, recorri a chá-preto, Coca-Cola e guaraná e continuei minha jornada para me formar na faculdade enquanto trabalhava. Não recomendo que você tente essas bebidas ou qualquer outro tipo de estimulante! Hoje, eu organizaria minha vida de uma forma totalmente diferente, para dar conta das demandas e ainda continuar saudável.

Essa experiência me ajuda a entender como jovens adultos estão lidando com a faculdade e a pressão de ser bem-sucedidos ante a intensa competitividade do mundo moderno. Você deveria assistir ao documentário *Take Your Pills* (*Tome Suas Pílulas*), de 2018, da diretora Alison Klayman. Ela mostra a dura realidade de estudantes e jovens profissionais de hoje, e me pergunto se, no lugar deles, eu também estaria botando essas pílulas para dentro com um gole de energético.

A vida era duríssima durante minha época de faculdade. Altos níveis de estresse eram algo normal: contas a pagar, cursos em que tinha que ser excelente, trabalhos que não podia deixar de entregar, clientes a quem precisava sorrir, horas em ônibus cheios, ruas escuras tarde da noite e assim por diante. Havia muita coisa com que me preocupar: eu teria algum dinheiro no restante do mês para comer? O ônibus atrasaria? Alguém me atacaria no breu das ruas? O cliente faria a compra? Eu sobreviveria a esse pesadelo? A vida continuaria a ser difícil assim? Minha família sempre me disse que a única forma de sair da pobreza era estudar, e estudar muito.

A pobreza é humilhante. Ela cria um medo constante da falência, uma sensação de dúvida quanto a se sua estratégia para escapar dela vai realmente funcionar. Mas, como era minha única opção, aprendi a engolir essa sensação para encarar o sistema, jogar o jogo, fazer qualquer coisa que os professores exigissem e seguir carregando meus louros à frente dos demais. Sempre fui ensinada que somente algumas poucas pessoas escolhidas chegariam ao nível mais alto da vida; por isso, as minhas notas tinham que ser melhores do que as dos outros.

Eu começava cada semestre pronta para me esforçar muito e chegar o mais rapidamente possível ao fim do túnel, onde a luz tinha que ser mais forte do que a escuridão daquele momento. A melhor parte da faculdade foram os amigos que fiz para a vida inteira. Eu os vi passar pelas mesmas dificuldades, e tenho certeza de que muitos de vocês vão saber do que estou falando. A grande maioria das pessoas no mundo vem de origens humildes e estressantes. É até provável que você também tenha ouvido que deveria estudar muito e que a escola era a única forma de alcançar o sucesso na vida—e imagino que, por isso, você tenha tomado um caminho semelhante pelo sistema educacional.

Só que as coisas costumavam ser diferentes. Eu me diverti muito até o oitavo ano. Aprendi a ler e a fazer contas aos 6, fui avaliada na escola e, aos 7, "promovida" para o terceiro ano. Como eu tinha muito medo daqueles meninos grandões de 9 anos e não conseguia parar de chorar, a escola me rebaixou para o segundo ano—ainda bem que não foi para o primeiro. A escola era legal, e eu tinha interesse em aprender. Lia muitos livros, fazia esportes, tocava um instrumento na banda da escola e era repórter do jornalzinho mensal. Eu aprendia matemática tão rapidamente que, para me manter ocupada e ter certeza de que deixaria os meus colegas em paz, minha professora me entretinha com as matérias do ano seguinte.

Nessa época, algumas crianças descobriram um motivo para me atormentar: minhas orelhas grandes. Eles me chamavam de Dumbo. A minha justificativa para todo aquele tamanho era que ele me ajudava a tocar violão e piano sem ter que ler partituras—de fato, apesar de preferir o pop, eu conseguia tocar até música clássica de ouvido—, mas, cá entre nós, o que realmente motivava essa habilidade era o fato de eu não conseguir ler partituras.

No ensino médio, de alguma forma, tudo mudou. Só se falava de provas, e tudo girava em torno de passar na faculdade. Era uma avalanche de matérias sem sentido, que eu nunca usaria na vida. No fim do meu último ano no ensino médio, tínhamos que conseguir regurgitar tudo o que, teoricamente, tínhamos aprendido durante nossas vidas inteiras até aquele ponto. Esse foi o começo da dor da faculdade: a luta para conseguir um pedaço de papel, um certificado que provasse que os professores haviam ficado satisfeitos com as minhas respostas nas provas.

Aqueles anos de ensino médio e os cinco seguintes de faculdade foram os mais difíceis da minha vida como estudante. Foram tão dolorosos que prometi a mim mesma nunca mais tocar em um livro depois de me formar. Meu cérebro fazia o impossível para conseguir memorizar aquelas matérias, tão distantes do que realmente me interessava, e para justificar passar por tudo aquilo enquanto eu poderia estar fazendo algo muito mais produtivo da minha vida!

No fim das contas, valeu a pena. Mas, de verdade, eu gostaria que o processo tivesse sido menos doloroso. Depois da faculdade, tive minha própria empresa de TI, vendi minhas ações para meus sócios e, então, trabalhei para grandes empresas de tecnologia, como a Oracle e a Microsoft, seguindo cada vez mais adiante no caminho para me tornar uma vice-presidente executiva mundial de alguma coisa. E adorei trabalhar para essas empresas. Conheci muita gente, interagi com clientes de vários países, viajei ao redor do mundo representando esses grandes nomes da indústria da tecnologia, cursei um MBA e fiz amigos para a vida toda. Quebrei minha promessa e comecei a ler livros de novo. Fiz as pazes com o inferno que foi a escola, embora eu não deseje experiência semelhante nem para o meu pior inimigo.

## – UMA NOVA PERSPECTIVA SOBRE A EDUCAÇÃO –

Em 2007, fui promovida para liderar uma nova empreitada da Microsoft: ajustar os produtos, serviços e modelo de negócios da empresa para comunidades desfavorecidas. E me dediquei particularmente ao setor de educação, viajando a diferentes países para aprender com as escolas que tinham as melhores práticas pedagógicas e explorar de que forma a tecnologia poderia melhorá-las e ampliar seu alcance.

A Microsoft patrocinou muitos projetos-piloto para investigar como os melhores modelos pedagógicos poderiam evoluir e/ou escalar com o uso da tecnologia. Como você já pode imaginar, quando a fonte do financiamento secou, o projeto também acabou. Na maioria das escolas, os projetos-piloto nunca se tornam sustentáveis, mas houve um, em uma escola pública rural na Colômbia, que se manteve.

Visitei essa escola muitas vezes e testemunhei a transformação: os estudantes eram confiantes, seguiam seus sonhos e nunca apontavam a falta de recursos ou suas limitações financeiras como desculpas. Todos esses princípios da vida, eles haviam aprendido na escola. Eu olhava para eles e via o prazer que tinham em estar ali. Aquelas crianças eram felizes, independentemente das circunstâncias, e pensei comigo mesma: "Esses estudantes são gênios! Eles correm atrás de seus sonhos com prazer. Eles entendem claramente que o mundo exterior nunca os preencherá como indivíduos, que somente o que têm dentro de si mesmos vai possibilitar isso". Aqueles estudantes haviam descoberto o gênio que tinham dentro de si e, por isso, foram muito bem academicamente.

Naquela mesma escola, conheci Andres, que, em vinte minutos de conversa, tocou meu coração de tal forma que eu não conseguia parar de chorar. Estávamos na sala de aula dele, eu ajoelhada a seu lado e escutando sua história de vida com incredulidade. Agora mesmo, estou chorando enquanto escrevo estas palavras. Depois daquela interação, não tive como não sair da sala. Entrei em um turbilhão, rodando sem parar entre a minha cabeça e o meu estômago. Chorei por sei lá quantas horas. As pessoas tentavam me acalmar, mas eu não conseguia explicar o porquê do meu choro: a dor que eu sentia no coração era grande demais. Eu pensava comigo mesma: "Como eu pude ser tão egoísta?". Senti que eu estava centrada em meu próprio sucesso, protegendo a MINHA carreira, a MINHA família, os MEUS amigos, meu isso, meu aquilo, enquanto esses educadores cultivavam conquistas humanas.

Em nenhum momento pensei que conseguiria ser professora, mas fiquei muito feliz por ter escolhido minha carreira, pois ela me havia preparado para aquele momento. De repente, a educação teve um significado totalmente novo para mim! Não era mais um meio para um fim, e sim algo que poderia criar prontidão real para a vida—uma jornada durante a qual, com o apoio de professores, podemos definir claramente nossos sonhos, selecionar e construir nossos próprios caminhos e escolher como vamos nos sentir a cada passo dado. Entendi que o gênio não está necessariamente relacionado à ciência. No caso desses estudantes, o gênio vinha da capacidade deles de descobrir suas paixões e de trabalhar para desenvolvê-las com a ajuda de seus professores.

A diferença entre as experiências desses estudantes e as minhas é simples: os sonhos que eles tinham estavam alinhados ao que eles tinham aprendido e às suas ações. Eles estavam intrínseca, em vez de extrinsecamente motivados, como havia sido comigo. O destino não está escrito em pedra, e as circunstâncias daqueles estudantes não eram uma limitação para a realização do potencial deles. Mesmo sem alterar suas circunstâncias, eles tinham saído da meritocracia para trabalhar com um propósito de vida. Eu? Eu não tive prazer como estudante. Eu só tentava viver minha vida da forma que "eles" me haviam dito para viver. Na verdade, mais de 55% dos estudantes que passaram por experiências como a minha abandonaram a escola. A meritocracia exclui qualquer um que não consiga se adaptar às regras dela.

## ~ EDUCAÇÃO RELACIONAL E A DESCOBERTA DE UM NOVO SIGNIFICADO NA VIDA ~

Quantas pessoas você conhece que adorariam seguir seus sonhos, mas que se refreiam, seja por acreditarem que "já é muito tarde" ou por nem mesmo saberem como começar? E se tivéssemos aprendido, na segurança do ambiente escolar, a tomar decisões, cometer erros e corrigir a nós mesmos enquanto somos orientados por professores? E se pudéssemos viver contentes ao longo do caminho porque, de alguma forma, mesmo quando crianças, sabíamos que poderíamos ser quem quiséssemos?

Essas foram as perguntas que comecei a me fazer enquanto mergulhava fundo na Educação Relacional. Essa metodologia, que usávamos na escola rural da Colômbia, estimula a construção conjunta do conhecimento e as práticas que levam o potencial de todos a florescer. Ela nutre um respeito profundo por cada membro da comunidade de aprendizagem, na qual, além de estar em permanente desenvolvimento, cada indivíduo é único, altamente complexo, autor de sua própria vida e ator ativo na sociedade. Aprendi sobre esse conceito com Julio Fontán, a mente mestra da ideia.

A Educação Relacional não é um conceito novo—já tem, pelo menos, quarenta anos. Ela incorpora o melhor da aprendizagem personalizada, da aprendizagem baseada em projetos e competências e da aprendizagem autônoma. A novidade neste livro é que eu compartilho um processo claro para tornar a Educação Relacional eficiente e progressiva. Ela permite que os estudantes aprendam o que quiserem ao mesmo tempo em que praticam hábitos de aprendizagem eficazes. Para os professores, por causa das habilidades que você os ajudou a desenvolver, é como estar com seus estudantes 24 horas por dia, todos os dias da semana, sempre que eles quiserem aprender.

E se pudéssemos expandir a Educação Relacional de uma escola para milhões delas? Quantas crianças teriam a mesma oportunidade de alcançar seus potenciais e ser felizes? Que diferença isso faria no mundo? Você pode achar que isso é um sonho lindo, mas impossível de se tornar realidade, especialmente no sistema de escolas públicas. Ah! As mudanças que seriam necessárias nas políticas públicas, nas configurações das escolas, do currículo, dos recursos!

Sem dúvida, todos os modelos pedagógicos e metodologias de ensino mais recentes pregam que devemos mudar alguma coisa. Algumas escolas já se aventuraram nessa direção, mas a maioria delas ainda não tentou e nem tentará. Seres humanos simplesmente não gostam de mudar. Portanto, se dependermos de que algo significativo aconteça na educação, pode ser que tenhamos que esperar para sempre.

Durante essa minha busca para entender a educação, quatro amigos meus morreram em um período de um ano. Três deles tinham chegado aos 50, e um estava com 40. Fui a dois dos velórios e testemunhei como os amigos e a família lembravam da vida deles: momentos felizes, o legado, ensinamentos e marcas que deixaram. Pensei comigo mesma: "Se eu morresse hoje, o que as pessoas diriam no meu velório? No momento da minha morte, eu trocaria um dia de segurança na minha zona de conforto pela oportunidade de viver meus sonhos não realizados? Devo decidir agora mesmo qual vai ser o meu legado, pois o mundo precisa de mim. Agora é a hora de mostrar o que tenho aqui dentro!".

Aquela experiência com Andres e a morte dos meus amigos alteraram a trajetória de toda a minha carreira e da minha vida. Ao tomar um café com leite (nada de café puro para mim, obrigada!) com o Julio um dia, refletimos sobre a famosa frase que abre esta introdução: "Se não agora, quando? Se não nós, quem?". Embora meu emprego me garantisse um bom salário e bastante segurança, eu estava pronta para mudar de vida. Pedi demissão em 2011 e fundei a Fundação Learning One to One com o Julio. De alguma forma, naquele momento, a decisão era óbvia, e a vida tinha um significado totalmente novo. A sensação era de que a vida tinha me preparado para aquilo.

Convidamos especialistas em pedagogia, psicologia e filosofia para que se juntassem à nossa equipe de pesquisa e desenvolvimento e para levar a Educação Relacional para o mundo. Estabelecemos três princípios centrais:

1.  Trabalhar a partir de onde se encontram os sistemas escolares, com base em práticas de seus líderes e professores. Construímos conhecimentos e práticas coletivamente, da mesma forma que a Educação Relacional trabalha com estudantes.

2.  Nunca parar de pesquisar e desenvolver. Afinal, a mente humana está em constante crescimento, e devemos moldar a educação para estimular sua evolução.

3.  Empoderar educadores para que continuem investindo em pesquisa e desenvolvimento nas áreas de suas melhores habilidades.

A Educação Relacional não requer nenhuma mudança, somente o mais profundo desejo de permitir que os estudantes aprendam. Esse é o nosso ponto de partida. Combinamos décadas de práticas pedagógicas eficazes com a disciplina de processo da engenharia para construir processos e procedimentos confiáveis e eficazes para serem escalados. Até hoje, trabalhamos com dezenas de milhares de estudantes em diversos países, permitindo que a mais ampla comunidade escolar tenha a mesma experiência que tivemos na primeira escola por meio do desenvolvimento profissional contínuo para a comunidade da educação.

## ~ CAPACITANDO PROFESSORES A UTILIZAR A EDUCAÇÃO RELACIONAL ~

Vimos que era possível aplicar a Educação Relacional independentemente dos contextos da comunidade: rural, urbana, virtual ou em casa, com ou sem tecnologia, com recursos parcos ou abundantes, este ou aquele currículo, baixa ou alta renda. A Educação Relacional começa no cerne de cada professor e estudante. No período de um ano da implementação do sistema de Educação Relacional, essas escolas demonstraram uma melhora média de 40% na compreensão de leitura, com 37% de estudantes concluindo um ano escolar em sete meses ou menos, 100% de cobertura do currículo e taxas de abandono próximas a zero.

Agora queremos que você tenha acesso à Educação Relacional, e este livro é o primeiro passo para que isso aconteça. O segundo passo é seu, quando, terminada a leitura, começar a utilizar a estrutura apresentada aqui. Neste livro, não compartilho uma teoria ou um experimento, mas o trabalho prático que a minha organização realiza em parceria com escolas e sistemas escolares ao redor do mundo. A Educação Relacional não requer uma revolução nos sistemas de educação. Em vez disso, ela orienta as comunidades com práticas simples, mas que as beneficiarão tanto academicamente como na vida.

Se já tiver tomado a decisão de não fazer nada, pare de ler agora. Caso contrário, abra a sua mente para uma jornada de descoberta da infinita capacidade humana de criar e recriar o mundo à nossa volta através de uma experiência de aprendizagem personalizada, que estimula a autonomia e o desenvolvimento contínuo de habilidades. Então, observe a transformação.

Embora o nosso foco principal seja um contexto de educação, é possível usar a Educação Relacional no trabalho e na sua própria vida. Você perceberá que utilizo "estudantes" mais frequentemente do que "alunos", para deixar claro que somos todos aprendizes pela vida inteira. Você também verá que a nossa meta é desenvolver o potencial humano, independentemente do perfil socioeconômico ou da origem familiar. Nossa intenção não é alterar a natureza das pessoas; ao contrário, é possibilitar e melhorar os processos de aprendizagem para destacar suas capacidades criativas.

Deixei meu emprego na área de tecnologia há muito tempo. Andres, seus colegas de sala e seus professores me deram uma nova perspectiva de vida e me inspiraram a fazer as coisas de uma forma diferente. Agora, em vez de um emprego, tenho uma missão: facilitar as conquistas humanas em seus mais altos níveis e destravar o potencial humano a partir da escola. Da mesma forma que crianças precisam aprender a andar e a falar, elas devem aprender a usar suas mentes no máximo de sua capacidade.

Este livro é para grandes entusiastas de um mundo melhor. Agora é a sua vez de se juntar a uma comunidade de milhares de professores que já relatam resultados inimagináveis com seus estudantes. Estamos nisto juntos para despertar o gênio dentro de cada ser humano.

CAPÍTULO I

# SERÁ QUE EINSTEIN ERA UM MAU ALUNO?

"Não existe paixão a ser encontrada quando você
se contenta com pouco e aceita que a vida seja
menor do que aquela que você é capaz de viver"

~NELSON MANDELA

O ano era 1881. A família tinha acabado de se mudar da cidade de Ulm para Munique, ambas na Alemanha, por causa de uma oportunidade de negócios que o Sr. Hermann Einstein e seu irmão Jakob buscavam. A bela casa para a qual tinham se mudado nos arredores da cidade tinha um jardim espaçoso, em que as crianças podiam brincar por horas. O pequeno Albert Einstein tinha 2 anos de idade e mal podia falar. Isso preocupava sua mãe, Pauline Koch, ao ponto de ela levá-lo a um médico, que lhe disse que não havia um diagnóstico específico para sua dificuldade. Aquela era uma criança saudável, só estava demorando a falar.

Albert Einstein aprendia palavras e as repetia o tempo todo. Alguns de seus familiares diziam que ele era "devagar, quase parando". Por outro lado, devido ao seu lento desenvolvimento, ele aprendeu a observar o mundo ao seu redor em muito mais detalhes do que uma criança "normal", habilidade que o ajudaria em sua busca por descobrir como o universo funciona.

Talvez por permitirem que ele se expressasse enquanto sua fala era limitada, o pequeno Einstein tinha tendência a ter surtos de raiva. No mundo de hoje, psicólogos poderiam diagnosticá-lo com um distúrbio de desenvolvimento.[1] Entre outras características, desde muito novo, ele era um inconformista. Além disso, era sem filtro, pouco empático e bastante isolado (não gostava de brincar com outras crianças)—e ainda costumava desrespeitar figuras de autoridade. Quantas crianças assim você já teve em sua sala de aula? Ou, se isso descreve você, não se preocupe: é o seu gênio interior.

Einstein tinha 5 anos de idade e estava doente, de cama, quando seu pai lhe deu uma bússola. Naquele dia, seu estado de saúde pareceu piorar, mas não devido à doença, e sim porque ele estava superempolgado em compreender aquela força invisível que atraía a agulha da bússola para o norte. Aquele dispositivo disparou nele uma paixão por descobrir campos ocultos e seu domínio na natureza.

Quando Einstein tinha 6 anos, seus pais o matricularam em uma escola católica local. A religião era sua matéria favorita, e ele tinha um grande interesse em matemática. Nessa época, sua personalidade continuava a caracterizá-lo a tal ponto que um de seus professores chegou a dizer que ele "nunca alcançaria muita coisa". Ele era o exemplo perfeito de como uma criança distraída se comporta. Outras crianças atormentavam Einstein porque ele era judeu. Brigas e insultos aconteciam frequentemente no caminho para a escola e de volta para casa. O impacto mais significativo desse *bullying* em sua infância foi a crescente sensação de estar à margem, algo que ele carregaria pela vida toda.

Com o passar dos anos, Einstein tornou-se extraordinariamente bom em matemática e aprendeu muito por conta própria. Aos quinze, já dominava cálculo integral e diferencial, embora falhasse em qualquer tema relacionado a línguas. Palavras não eram com ele; elas não pertenciam à categoria de "coisas interessantes", pelos critérios dele. Einstein detestava o ensino médio por causa da aprendizagem por repetição que lhe era imposta e pelo fato de os professores não gostarem de ouvir perguntas dos estudantes. Os professores eram a autoridade e a fonte do conhecimento, e os estudantes tinham que respeitá-los como tal. A adoração que a Prússia tinha pela estrutura militar influenciou profundamente a dinâmica escolar, que enfatizava uma disciplina mecânica, comparável à marcha dos soldados nas ruas de Munique.

Se você percebe alguma semelhança entre a vivência do jovem Einstein com o nosso atual sistema público de educação, você está certo. Horace Mann, um reformista da educação americana e promotor da educação pública, visitou várias escolas europeias em 1843. Naquela época, a Prússia era a potência econômica do século XIX e tinha influência política significativa. Como secretário do Conselho de Educação de Massachusetts (o primeiro do tipo nos EUA) e defensor nacional do acesso à educação, Mann propôs a adoção do modelo de educação pública desse reino europeu.

A visão de Horace Mann do sistema de educação pública era melhorar a humanidade; incluir todas as crianças, independentemente de suas origens; não ser sectária; ter um sistema padronizado de treinamento de professores e, acima de tudo, ensinar crianças dentro dos princípios de uma sociedade livre. Essas bases eram nobres, diferentes dos reais (e ditatoriais) princípios de educação da Prússia. É possível que Mann não estivesse ciente dessas diferenças.

A percepção que muitos de nós temos de que algo está errado com o nosso sistema educacional atual é o mesmo sentimento que Einstein tinha quando estava no ensino médio. O notável Dr. Carl Sagan também percebeu um problema fundamental no sistema:

"Se você conversar com crianças da pré-escola ou do primeiro ano, verá uma sala cheia de entusiastas das ciências. Elas fazem perguntas profundas! 'O que é um sonho?', 'Por que temos dedos nos pés?', 'Por que a lua é redonda?', 'Qual é o aniversário do mundo?', 'Por que a grama é verde?'. Essas são perguntas profundas e importantes que brotam dessas crianças! Se você conversa com estudantes do último ano do ensino médio, nada disso existe. Eles se tornam passivos e nada curiosos. Algo terrível aconteceu entre a pré-escola e o último ano do ensino médio, e não é só a puberdade".[2]

Pergunte a si mesmo: esse adormecimento cerebral ocorreria se tivéssemos o sistema educacional certo?

O Dr. Laurence Steinberg, professor na Universidade de Temple, na Filadélfia, entrevistou 20.000 estudantes do ensino médio nos EUA sobre suas motivações e envolvimento na escola. Um terço deles disse que passava o dia envolvido em algum passatempo ocioso com seus amigos, enquanto negligenciava o trabalho escolar. Quase 90% disseram ter copiado dever de casa de um amigo no ano anterior. Menos de 20% achavam essencial ir bem na escola. Em seu livro *Beyond the Classroom* (*Além da Sala de Aula*, sem tradução para o português), Steinberg argumenta que, "na base da atual crise na educação americana, estão os problemas de postura, valores e crenças dos estudantes quanto à importância da educação".[3]

## ~ ACESSANDO A CURIOSIDADE INTRÍNSECA E O DESEJO DE EXPLORAÇÃO DAS CRIANÇAS ~

As crianças são projetadas para o sucesso e equipadas para conseguir realizar o que quiserem. A curiosidade e a exploração são um estímulo incondicional para elas, e aprender é uma consequência também incondicional. O sistema de recompensa de seus cérebros funciona para premiá-las quando exploram seus interesses e encontram soluções para suas perguntas. Um bebê aprenderia a andar se tivesse medo de cair? O mundo está aí para que elas possam conquistá-lo! No entanto, logo que uma criança entra no sistema escolar, a curiosidade natural do cérebro para de ser recompensada. Elas começam a viver em função das expectativas alheias e a buscar objetivos vazios. Suas mentes passam a ser condicionadas pela busca da aprovação dos outros, sempre preocupadas com as opiniões de seus círculos. Elas são desmotivadas a explorar qualquer coisa fora do comum. A conexão natural entre curiosidade, exploração e aprendizagem é rompida.

Por um lado, as crianças de hoje têm a capacidade inata de pensar por si mesmas. Por outro, são condicionadas a buscar validação. Essa dualidade mata o potencial delas e, acredito, contribui para aumentar as taxas de suicídio entre adolescentes. Nos EUA, essa foi a segunda maior causa de morte entre pessoas de 15 a 24 anos de idade em 2017, segundo o Centro Nacional dos EUA para Estatísticas de Saúde e os Centros de Controle e Prevenção de Doenças. Entre pessoas com 15 a 19 anos, houve 47% mais suicídios em 2017 do que em 2000.[4]

Crianças em idade escolar estão morrendo a cada dia, seja física ou mentalmente, e as cicatrizes emocionais causadas pela falta de empolgação na educação cotidiana podem matar o potencial para se levar uma vida incrível. Como podemos interromper essa perda? Como podemos acessar essa capacidade inata das crianças de aprender—e de fazê-lo de modo independente?

Einstein era apaixonado por aprender, e eu realmente acredito que todos os estudantes são exatamente como ele. Ele queria tanto aprender, mas foi tão infeliz no ensino médio que acabou ficando deprimido. Seus professores quase fizeram uma campanha para que o garoto deixasse a escola. A depressão de Einstein evoluiu para um colapso nervoso depois que o negócio que seu pai e seu tio tinham iniciado foi à falência e a família começou a afundar-se em dívidas.

Por fim, eles tiveram que se mudar para o norte da Itália, deixando Einstein para trás para que concluísse os estudos. Alguns meses depois, ele decidiu abandonar a escola e juntar-se a seu pai e seu tio para reconstruir os negócios. Para ele, não foi grande coisa—ele nem gostava da escola mesmo.

Mesmo tendo abandonado a escola, porém, ele continuava a aprender. A diferença entre Einstein e uma criança comum que abandona a escola talvez seja o fato de que Einstein já tinha estabelecido uma motivação intrínseca para aprender sobre um aspecto da ciência, quando seu pai lhe deu aquela bússola. Ele deu à sua paixão o nome de "campos invisíveis". Por causa dessa motivação intrínseca, Einstein teve a garra para continuar seus estudos. Independentemente das circunstâncias, é provável que ele tivesse encontrado uma maneira. O problema é que a grande maioria de nós depende apenas de uma motivação extrínseca para aprender, uma que nos force a passar pelo sistema só porque é a "coisa certa a ser feita", segundo a sociedade em que vivemos. Minha motivação extrínseca foi sair da pobreza. Se, naturalmente, todas as crianças têm criatividade, paixão e um senso de curiosidade natural—uma motivação intrínseca—, por que nosso sistema educacional é baseado na motivação extrínseca?

Muitas das crianças que abandonam a escola amam aprender e realmente sentem falta de perceber uma aplicação daquilo que estão absorvendo em sua vida real. Simplesmente não há nenhuma conexão entre a paixão delas e aquilo com que estão tendo contato na escola. É por isso que elas se entediam!

A história nos mostra que a mágica acontece quando a motivação intrínseca é finalmente despertada. Não há limites para o que os humanos podem fazer. Sir Richard Branson, que tinha dislexia e abandonou a escola aos 16 anos de idade, fundou o Virgin Group e se tornou um multibilionário. Thomas Edison, um dos maiores inventores do mundo, teve somente três meses de escolaridade. Walt Disney deixou a escola aos 16. Assim como Sir Elton John, Charles Dickens e Ray Kroc. Lady Gaga, que largou a faculdade, ganhou mais de 200 prêmios de música. Claro, também existem pessoas bem-sucedidas que passaram pela escola e seguiram até o doutorado. A questão é: elas fizeram isso porque alguém lhes disse para fazê-lo ou porque encontraram uma escola que alinhava seus sonhos ao seu aprendizado?

Quando abandonou a escola, Einstein prometeu aos seus pais que estudaria por conta própria e seria admitido no Instituto Politécnico Federal de Zurique, na Suíça (hoje conhecido como Instituto Federal Suíço de Tecnologia de Zurique). O diretor do instituto permitiu que Einstein se inscrevesse no exame de admissão em outubro de 1895, apesar de ele ser dois anos mais novo do que a idade de admissão, 18, e não ter diploma do ensino médio. No exame, Einstein obteve resultados espetaculares em ciência e matemática, mas falhou miseravelmente em outras matérias. O diretor recusou sua inscrição, mas o aconselhou a passar um ano na escola cantonal, uma escola local em uma vila próxima, em um programa do tipo "cursinho" (equivalente a um diploma de ensino médio), e se preparar para o exame de admissão do ano seguinte. A escola cantonal foi o sonho de Einstein virando realidade. Repetições e memorizações eram proibidas! Em vez disso, as crianças aprendiam a pensar por si mesmas, chegar a suas próprias conclusões e encontrar respostas à sua maneira.

A irmã de Einstein, Maja, escreveu anos depois sobre a escola cantonal, que também frequentou: "Os estudantes eram tratados individualmente. Mais ênfase era dedicada ao pensamento independente do que à crítica, e os jovens viam o professor não como uma figura de autoridade, mas, assim como o estudante, como uma pessoa de personalidade única". Einstein amava aquela escola. Em suas palavras, "em comparação com os seis anos de ensino em uma escola autoritária alemã, percebi claramente o quão superior uma educação baseada na liberdade e na responsabilidade pessoal é para alguém que se apoia na autoridade externa".

Foi nessa escola que Einstein desenvolveu a capacidade de traduzir a ciência complexa em exemplos simples e comuns, para que as pessoas pudessem entender. Isso começou com o exemplo do trem e do feixe de luz. Então, outras imagens vieram com sua pesquisa: o trampolim, o elevador, a queda da maçã. É nos modelos simples que moram as explicações do universo.

O inovador sistema suíço, desenvolvido por Johann Heinrich Pestalozzi e utilizado pela escola cantonal, eliminou o analfabetismo no país em 1830.[5] Imagine se Horace Mann tivesse ido para a Suíça em 1843 e promovido um sistema de escolas públicas como a escola cantonal que Einstein amava. O sistema educacional dos EUA seria muito diferente hoje. Talvez a morte de Pestalozzi, em 1827, tenha evitado que Horace Mann tomasse conhecimento das inovações de ensino da Suíça e considerasse sua utilização nos EUA.

A escola cantonal foi algo que mudou a vida de Einstein. Com a aprendizagem finalmente vinculada às suas paixões, ele passou no exame de admissão da Politécnica de Zurique e, em 1896, se matriculou no programa de matemática e física. Por sorte, um tio ainda o apoiou financeiramente durante os quatro anos de curso, permitindo que ele realizasse seu desejo de ser professor universitário e continuar sua pesquisa em física teórica.

Ao longo do seu período de faculdade, Einstein era o Einstein de sempre, que se metia em desacordos com professores, se recusava a seguir ordens, criticava o sistema de avaliação, questionava o *status quo* etc. Inclusive, com a percepção de que as aulas da faculdade estavam defasadas, ele e seus amigos passaram a estudar teóricos mais recentes por conta própria. Aposto que você entende o que ele viveu—e não está sozinho. Eu mesma passei por uma experiência similar: nunca usei nada do que aprendi com meus professores da faculdade. Por outro lado, usei o que aprendi trabalhando.

Einstein costumava faltar a aulas chatas, como as práticas experimentais e de laboratório com o professor Jean Pernet. Ele jogava no lixo as folhas de instrução sem nem lê-las, realizava o experimento, chegava à resposta certa e frustrava Pernet profundamente. Certa vez, Pernet perguntou a um assistente: "O que você acha do Einstein? Ele sempre faz algo diferente do que eu disse para fazer". O assistente respondeu: "Sem dúvida, Senhor Professor, mas as soluções dele estão certas, e os métodos que usa são de grande interesse". Pernet deu a Einstein a menor nota possível (um em seis) e fez história por reprovar um gênio em sua matéria favorita: a física.

Einstein se graduou em 1900, a primeira geração em sua família a se formar na faculdade. Ele se classificou em quarto lugar entre cinco, um dos últimos de sua sala. Isso não foi devido a mau desempenho nos exames, mas porque ele fez um trabalho ruim na sua dissertação final. Tratava-se de um assunto escolhido pelo seu orientador, não por ele mesmo, e não tinha nenhuma relação com suas paixões. Mas ele sabia que tinha que concluir o trabalho para se graduar. Sua rebeldia lhe custou várias posições de professor iniciante para as quais se inscreveu nos dois anos seguintes. As referências que seus professores da faculdade davam a possíveis empregadores eram decepcionantes, algo que hoje talvez se traduzisse como "grande QI (quociente ou inteligência intelectual), mas nenhuma QE (inteligência emocional)".[6]

Foi somente em 1902, com a ajuda de seu amigo de faculdade, Marcel Grossman, que Einstein conseguiu seu primeiro emprego de verdade, no Escritório de Patentes Suíço, onde trabalhou por sete anos antes de se tornar professor na Universidade de Berna.

Talvez a falta de QE tenha ajudado na determinação de Einstein para provar que alguém estava errado e conseguir o que ele mesmo queria para sua vida, e não o que outra pessoa pudesse escolher para ele. Outras mentes brilhantes encontraram a força para perseverar ao perseguir seus sonhos, e é assim que grandes coisas acontecem. Nós não teríamos *Harry Potter* se J. K. Rowling tivesse acreditado que deveria ter uma carreira "segura" para manter-se financeiramente estável, sem tempo para escrever. Não teríamos descoberto o homem mais rápido em uma piscina e o maior medalhista olímpico se Michael Phelps tivesse acreditado que o TDAH o impediria de fazer alguma coisa com excelência.

Quinze anos após sua graduação na faculdade, Einstein publicou sua maior obra de arte, a Teoria Geral da Relatividade. Ela foi o resultado de anos de pesquisa em física teórica e a resposta para inúmeras perguntas sobre o universo. Einstein ainda contribuiu com muito mais durante sua vida, incluindo a mecânica quântica e a compreensão de como a energia se relaciona com a massa, com sua famosa equação $E=mc^2$.

Einstein foi um mau aluno? Talvez ele tenha ouvido alguém chamá-lo assim, mas o que vimos neste capítulo foi a descrição de um bom estudante que não conseguia aceitar a castração de sua curiosidade por parte do sistema de educação tradicional. Quando o abraçaram por inteiro, na escola cantonal, ele desabrochou para realizar ao máximo o seu potencial. Assim, a história prova que qualquer pessoa que o tenha condenado por seu inconformismo e desenvolvimento tardio pecou por estreiteza de visão. A história de Einstein mostra o quanto de valor um indivíduo pode dar ao mundo ao realizar seu potencial, cada um com uma combinação única de habilidades.

As crianças na sua sala de aula de hoje também trarão enorme valor ao mundo. Talvez elas precisem de um pouco de ajuda para começar, mas, depois, farão o resto.

## CAPÍTULO 2

# O QUE É SER UM GÊNIO

"Um gênio é 1% de inspiração e 99% de transpiração"
~THOMAS EDISON

Quando conheci Andres, em sua escola numa área rural da Colômbia, ele tinha 17 anos. Era um jovem muito atento, bem vestido e de cabelos bem penteados. Naquele ano, seus colegas o escolheram como representante para o conselho diretor da escola. Ele era o âncora de um programa de rádio para jovens na cidade e foi selecionado para receber uma bolsa de estudos integral em uma das melhores universidades do país. Vendo essas realizações, poderíamos concluir que o garoto, definitivamente, era um líder. Mas a história dele foi muito diferente do que você pode imaginar.

Embora seu futuro parecesse brilhante—e de fato o foi—, Andres viveu em um contexto de oportunidades socioeconômicas limitadas. Ele perdeu a visão aos 13. Aprendeu Braille, mas, vivendo em uma comunidade rural, suas possibilidades eram reduzidas. Independentemente das circunstâncias, sua mãe queria o melhor para ele e, depois de muita resistência, conseguiu convencer a escola local a aceitá-lo. Então, Andres frequentou uma escola regular, embora sua condição não lhe permitisse aprender da mesma forma que as outras crianças. Ele foi à escola para se preparar para o único destino que lhe diziam que podia esperar. Vergonha, estresse, depressão e ansiedade são emoções conhecidas das crianças que vivem em condições como as dele.

Quando conheci o Andres, eu trabalhava na Microsoft apresentando sistemas tecnológicos inovadores de aprendizagem ao redor do mundo. A busca da minha equipe era por encontrar sistemas de aprendizagem transformadores cuja eficácia pudesse ser melhorada pela tecnologia.

No ano anterior à minha visita, nossa equipe na Colômbia tinha começado a implementar na escola de Andres um sistema de aprendizagem que fomentava o potencial dos indivíduos. Esse sistema, a Educação Relacional, baseava-se no estímulo à autonomia do estudante ao nutrir o desenvolvimento de habilidades intelectuais, socioemocionais e pessoais enquanto ele aprende o currículo exigido.

Quando Andres entendeu o conceito por trás do que a escola estava lhe oferecendo com a Educação Relacional, tirou o máximo proveito dela, pois era sua única esperança de um futuro melhor. Com a Educação Relacional, ele aprendeu a ser independente, a respeitar os outros e a si mesmo, a ter autoestima, a argumentar de modo eficiente e a debater soluções com seus colegas de sala. Andres acabou se tornando um líder natural! Com a orientação de seus professores, ele evoluiu para seu papel atual neste mundo, e as outras crianças passaram a ignorar sua deficiência visual. Ao contrário, seus amigos de escola se concentravam nas contribuições dele para o grupo e para a comunidade. Dormente dentro de si, Andres tinha um gênio ansioso por agir e liderar e que nunca foi atrapalhado por suas limitações visuais. Assim que seus professores o ajudaram a perceber isso, ele se tornou o líder que estava destinado a ser desde o dia em que nasceu.

## ~ O "GÊNIO" AO LONGO DOS ANOS ~

O que significa ser um gênio? O dicionário Merriam-Webster define "gênio" como "uma capacidade ou aptidão fortemente marcada" ou "um poder intelectual ou criativo ou outra habilidade natural". Thomas Edison supostamente disse que o "gênio é 1% de inspiração e 99% de transpiração". Na verdade, ainda não temos uma explicação científica para a genialidade. A crença popular é que o gênio é alguém com capacidade ou produtividade intelectual únicas e muito acima da média em uma área específica. Einstein reforçou esse conceito quando a mídia divulgou suas descobertas, explicadas por meio de metáforas que qualquer pessoa podia entender.

Os antigos romanos acreditavam que o gênio era um espírito criativo presente em cada indivíduo, local ou coisa, um tipo de anjo da guarda que acompanhava alguém desde o nascimento até a morte. Na verdade, os romanos precisavam de uma explicação para os eventos e realizações na vida de alguém. Horácio (65 AC a 8 AC), um eminente poeta lírico romano no período do imperador Otaviano, explicou o gênio como "o companheiro que controla a estrela natal. O deus da natureza humana, que é mortal em cada pessoa, com uma expressão variável, branca ou negra".[7] Horácio descreveu gênios diferentes, dependendo do talento que aquela pessoa exibia, como artista, lutador, filósofo, músico ou palestrante.

Por volta do século XVIII, a palavra "gênio" evoluiu da descrição de uma entidade externa para a descrição de talentos e da natureza intrínseca. Assim, o conceito se modificou de "ter um gênio" para "ser um gênio". A partir de então, pesquisadores realizaram longos estudos para explicar a inteligência. Sir Francis Galton (1822–1911), estatístico inglês, foi o pioneiro no conceito de que a inteligência é hereditária e de que o gênio é raramente visto na população geral, como escreveu em seu livro *Hereditary Genius* (*Gênio Hereditário*, sem tradução para o português), publicado em 1869.[8] Sua teoria incluía a primeira tentativa de se criar um teste padronizado para a medição da inteligência.

Em 1905, os psicólogos franceses Alfred Binet (1857–1911) e Dr. Théodore Simon (1873–1961) criaram a escala de medição de inteligência Binet-Simon, que se tornou amplamente utilizada.[9] Em 1899, Binet havia se tornado membro da Sociedade Livre para o Estudo Psicológico da Criança, que se comprometia a utilizar a ciência para estudar crianças. Naquela época, a França aprovou uma lei para tornar a escola obrigatória para quem tinha entre 6 e 14 anos. O governo francês indicou Binet e outros membros da Sociedade para a Comissão para os Retardados (como era chamada naquela época), com a missão de responder à seguinte pergunta: "Qual deve ser o teste feito com crianças tidas como portadoras de deficiências de aprendizagem, para talvez colocá-las em uma sala de aula especial?".

Binet acreditava na inteligência diversa das crianças, mas o uso prático da escala Binet-Simon limitava quaisquer ideias que desviassem do propósito que o governo francês havia determinado. A escala tinha as habilidades verbais como principal foco e visava identificar deficiências mentais em crianças em idade escolar. Quando percebidas como portadoras de deficiências, essas crianças eram rotuladas como "doentes" e, portanto, tinham que deixar a escola. Com o uso desse sistema, talvez Einstein tivesse sido forçado a abandonar os estudos formais!

A escala Binet-Simon ficou conhecida nos EUA depois que, em 1910, o psicólogo americano Dr. Henry H. Goddard (1866-1957) a traduziu e publicou. Goddard defendia o uso de testes de inteligência em instituições públicas, incluindo escolas. Sendo um eugenista, ele acreditava que a qualidade genética da raça humana poderia melhorar com a "exclusão de certos grupos genéticos considerados inferiores e a promoção de outros grupos genéticos considerados superiores".[10]

O Dr. Lewis Terman (1877-1956), psicólogo americano, professor da Universidade de Stanford e também um eugenista, acreditava na hereditariedade da inteligência e a considerava o determinante mais forte do futuro de uma criança. Ele propôs ajustes ao famoso teste, o que resultou na Escala de Inteligência de Stanford-Binet, publicada em 1916. A escala se tornou o teste de inteligência mais utilizado nos EUA por décadas.

Terman chamou a mais alta pontuação dessa nova escala de "gênio". Ele e a Dra. Catharine Cox Miles (1890-1984), sua colega, decidiram realizar um estudo longitudinal vitalício de crianças californianas, denominado "Estudos Genéticos do Gênio". Professores recomendaram muitos estudantes para o estudo, incluindo dois que foram recusados devido às suas baixas notas na escala Stanford-Binet.[11] Ambos acabaram ganhando o Prêmio Nobel de Física: William Shockley (1956) e Luis Walter Alvarez (1968). Assim como eles, muitas outras pessoas derrubaram a teoria que alegava a necessidade de um alto QI para se ter sucesso na vida.

Cox Miles publicou livros nos quais concluiu que ser um gênio requer características além de um alto QI. Em 1937, ela já havia abandonado o uso do termo "gênio" para a classificação mais alta do teste Stanford-Binet. Dr. David Wechsler (1896–1981), psicólogo romeno-americano e autor de escalas de inteligência bem conhecidas, como a Escala Wechsler de Inteligência para Crianças, concluiu mais tarde: "Chamar uma pessoa de gênio com base na pontuação de um único teste de inteligência é algo que nos deixa muito hesitantes".[12]

Desde o início de seu desenvolvimento, as escalas de inteligência foram utilizadas de maneiras que seus criadores nunca haviam imaginado. Binet queria que sua escala fosse usada para identificar deficiências de aprendizagem de crianças e áreas em que elas precisassem de aprimoramento. Porém, o governo francês a aplicou para identificar pessoas com deficiência mental e convidá-las a abandonar o sistema escolar. Nos EUA, Terman propôs o uso da escala Stanford-Binet para direcionar crianças a empregos mais apropriados. Seus estudos serviram de base para a criação de programas para superdotados até hoje comuns nas escolas dos EUA.

Você consegue imaginar ter seu filho rotulado como deficiente mental e convidado a deixar a escola? Isso aconteceu com Thomas Edison e Albert Einstein, dois estudantes cujos gênios foram mal interpretados.

## ~ O GÊNIO COMO PENSADOR CRIATIVO—OS SOLUCIONADORES DE PROBLEMAS DE QUE PRECISAMOS HOJE ~

O Dr. George Land (1932–2016), norte-americano cientista de sistemas gerais, dedicou sua carreira a estudar o aprimoramento do desempenho criativo. Isso o levou à sua Teoria da Transformação, que argumenta que os processos naturais integram princípios de criatividade, crescimento e mudança. Mais de 400 empresas em todo o mundo pagam a licença de uso de seus processos únicos de inovação e pensamento estratégico, que se iniciam, todos eles, nos cérebros das pessoas.

Land identificou dois tipos de processos de pensamento relacionados à criatividade:

- **Pensamento convergente**, no qual as ideias são julgadas, criticadas, refinadas, combinadas e melhoradas no nível consciente;

- **Pensamento divergente**, no qual ideias novas e originais são imaginadas, o que geralmente ocorre no nível subconsciente.

Em 1968, Land iniciou uma pesquisa longitudinal sobre o pensamento divergente, ou a capacidade de explorar soluções variadas. Para isso, ele elaborou suas próprias categorizações do potencial criativo de um indivíduo e criou um teste simples para compreender os diversos usos que uma pessoa poderia dar a um objeto. Como adultos que "resolvem problemas", tendemos a achar que devemos ter uma resposta imediata para tudo. A maioria das soluções que sugerimos estão relacionadas ao que já sabemos. Por exemplo, se eu perguntar a você como usar um clipe, você pode responder: prender duas folhas de papel e, talvez, abrir o compartimento do cartão SIM do seu celular. Crianças mais novas pensarão em mais de 30 usos para o clipe de papel, porque não estão tão limitadas pelo que aprenderam.

Land estudou 1.600 crianças por quinze anos. Dos 3 aos 5 anos de idade, 98% delas tiveram pontuação suficiente para entrar na categoria de "gênio criativo". Cinco anos depois, somente 32% dessas mesmas crianças atingiram a pontuação necessária. Quando chegaram aos 15 anos de idade, somente 10% conseguiram. O mesmo teste foi aplicado a mais de 200 mil pessoas acima dos 25 anos e encontrou somente 2% que se encaixavam nessa categoria.[13]

Como tantas crianças e tão poucos adultos, Einstein sempre praticou o pensamento divergente, a marca de um gênio. Uma vez, ele disse: "Se eu tivesse uma hora para resolver um problema, passaria 55 minutos pensando sobre o problema e 5 minutos pensando sobre as soluções". E completou que "a imaginação é mais importante do que o conhecimento".

Por que tantos adultos parecem perder suas habilidades de pensamento divergente e criativo quando ficam mais velhos? Land concluiu que o "comportamento não criativo é aprendido" nas escolas porque ensinamos as crianças a usarem ambos os processos, o divergente e o convergente, ao mesmo tempo. O cérebro só consegue processar um tipo de raciocínio por vez, ou ele desliga. Em outras palavras, as crianças nascem como gênios criativos, mas aprendem na escola a suprimir esse tipo de comportamento. Seus sentidos naturais são abafados para que cumpram uma norma social e para que sejam educadas do modo que alguém decidiu que seria mais efetivo.

De acordo com Land, a solução é deixar que os estudantes usem um processo de raciocínio por vez, estimular a imaginação e novas ideias e, só então, permitir que pensem na ideia que é mais útil para eles.

Então, se usarmos uma nova metodologia de ensino em que os estudantes exercitem a imaginação e o pensamento divergente relacionados às suas paixões, poderemos ter mentes brilhantes e criativas logo que terminarem a escola. Essa metodologia requer que acreditemos que todas as crianças nascem como gênios criativos, independentemente de suas condições socioeconômicas, de onde nasceram ou de suas diferenças.

A palavra "gênio" vem do latim *genii*, que significa "produzir, criar, gerar, dar à luz". Coincidência ou não, a palavra "educação" vem do latim *educare*, que significa "extrair, desenvolver de dentro, trazer para fora o que está dentro". Ambas requerem ação para revelar o que os estudantes têm dentro de si. O gênio está dentro de cada um, e a educação o traz para fora! Se ser gênio é 1% de talento e 99% de trabalho, devemos ajudar os estudantes a desenvolver hábitos de trabalho que os levem a 100% de sua genialidade.

Essa abordagem única para ensinar às crianças como pensar é mais importante do que nunca. A estratégia para resolver problemas que aprendemos na escola, com grande ênfase no que já está dado, não funciona mais. As questões que enfrentamos no mundo são mais ameaçadoras do que nunca: guerras, globalização, doenças, competição, fome, pobreza. Hoje, mais do que em qualquer outra época, precisamos de gênios.

Por sorte, há metodologias simples para ativar a criatividade do cérebro. Podemos usar nossas mentes criativas para encontrar soluções extraordinárias para os problemas atuais. Já temos tudo de que precisamos para criar o futuro que queremos.

É exatamente nisso que os professores do Andres acreditavam. Cego e com ferramentas limitadas para viver uma vida fora da curva, ele poderia ter sido perdido como estudante. Porém, seus professores usaram um sistema de aprendizagem que o ajudou a descobrir seu gênio pessoal e fazer uso dele. Ele aprendeu formas de entender o mundo ao seu redor e de continuar aprendendo. Isso não foi tarefa fácil nem para Andres, nem para seus professores. Para despertar um gênio, o estudante deve ser humilde, vulnerável, aberto às futuras possibilidades, determinado, persistente, apaixonado e flexível. Os professores são o sistema de apoio para que as crianças revelem seu gênio e descubram o propósito que vai colocá-las em harmonia com a vida.

## ~ ADICIONANDO A INTELIGÊNCIA EMOCIONAL (QE) À HISTÓRIA ~

Anos depois das conclusões de Cox Miles e Wechsler de que o gênio é definido por aspectos além de um alto QI, os cientistas ainda eram desafiados pela realidade. O Dr. Travis Bradberry e a Dra. Jean Greaves escreveram em *Inteligência Emocional 2.0* (Editora Alta Books, 2018): "Pessoas com os níveis mais altos de inteligência (QI) têm desempenho acima do QI médio somente em 20% do tempo, enquanto pessoas com QE médio têm desempenho acima daqueles com QI alto em 70% do tempo". Como isso seria possível? A resposta estava lá nos anos de 1800.

Quando Phineas nasceu, na cidade de Lebanon, New Hampshire, em 1823, seus pais, Eaton e Hanna Gage, não podiam imaginar que seu filho teria tanta influência sobre a nossa compreensão da inteligência. Phineas P. Gage (1823-1860) era perfeitamente saudável, nunca passou um dia doente, e seu corpo de jovem adulto lembrava o de um halterofilista, embora esse esporte nem existisse naquela época. Phineas encantava as pessoas ao redor com o refinamento de suas habilidades sociais. Por causa disso, ele subia facilmente ao posto de chefe de qualquer equipe com que trabalhasse. Apesar de nunca ter ido à escola, ele exibia as características de um gênio, especialmente pela habilidade excepcional que demonstrava na construção de estradas de ferro.

No fim do verão de 1848, Phineas e sua equipe estavam ocupados com o que se supunha ser apenas mais um dia fácil de trabalho em Vermont. Eles faziam perfurações em um afloramento de rochas usando pólvora, um pavio e uma vara de metal, que servia como pilão e tinha quase 1,2 metro de comprimento e 3 centímetros de diâmetro. Essa vara era utilizada para direcionar a energia da explosão para a rocha. A pólvora, porém, explodiu ejetando a vara de metal, que atravessou o lado esquerdo da mandíbula de Phineas, cruzou o maxilar, o zigomático (maçã do rosto), o olho esquerdo, o lado esquerdo do cérebro e o osso frontal do crânio. No século XIX, os únicos equipamentos de segurança que os trabalhadores utilizavam eram chapéus, para se proteger do sol. Quando a vara de metal atravessou a cabeça de Phineas, ele foi lançado para trás. A vara caiu a quase 30 metros dali. Phineas convulsionou por alguns minutos e, depois, levantou-se e dirigiu de volta para a cidade.

Os Drs. Edward H. Williams e J. M. Harlow o encontraram sentado em uma cadeira na varanda do hotel. Phineas explicou aos médicos como o acidente tinha acontecido e que ele sangrava e vomitava de vez em quando. Williams não conseguia acreditar que aquele rapaz de 25 anos ainda estava vivo e conseguia falar, como se tivesse apenas prendido o dedo numa porta. Os médicos o operaram e colocaram seus ossos quebrados no lugar. Depois da cirurgia, ele teve convulsões periódicas e, às vezes, "perdia o controle da mente".[14] Com o passar dos dias, Phineas piorou, com grandes infecções em seus ferimentos. Todos já estavam esperando sua morte, mas Harlow conseguiu conter a situação.

Apenas 10 semanas depois da cirurgia, Phineas estava forte de novo e, pouco a pouco, começou a melhorar. Apesar das cicatrizes decorrentes da perda do olho esquerdo, de um dente e de parte do lobo frontal do cérebro, seu corpo se recuperou bem. As pessoas próximas de Phineas, entretanto, o viam como um homem completamente diferente. Ele ficou agressivo, irritadiço e impulsivo e facilmente perdia a noção do que estava fazendo. Porém, com o passar dos anos, ele se tornou mais "normal". A conclusão dos médicos foi de que, como o trabalho que ele conseguiu, de condutor de carruagem, exigia a repetição constante da mesma estrutura de raciocínio, ele pôde formar novas conexões neuronais e manter uma rotina em que conseguia controlar qualquer impulsividade que pudesse ter. Assim, ele era capaz de fazer planos e de se adaptar a qualquer coisa que surgisse no caminho.

Phineas tornou-se um estudo de caso exigido para a formação de neurologistas, psicólogos e neurocientistas. Como alguém poderia sobreviver a um trauma desses, com a perda de parte do cérebro, e continuar tocando a vida? Quais são os efeitos de um dano cerebral nas habilidades sociais e pessoais de um indivíduo? A história de Phineas foi crucial para o nosso entendimento do controle das emoções no cérebro: elas são disparadas no sistema límbico, ou mesencéfalo. Então, o córtex pré-frontal identifica a emoção e toma a decisão final sobre como reagir a ela. Phineas havia perdido parte do seu córtex pré-frontal e, portanto, não conseguia regular suas emoções. Ele estava funcionando em modo automático. Estudos e mais estudos provaram que essa suposição de como processamos as emoções estava correta.

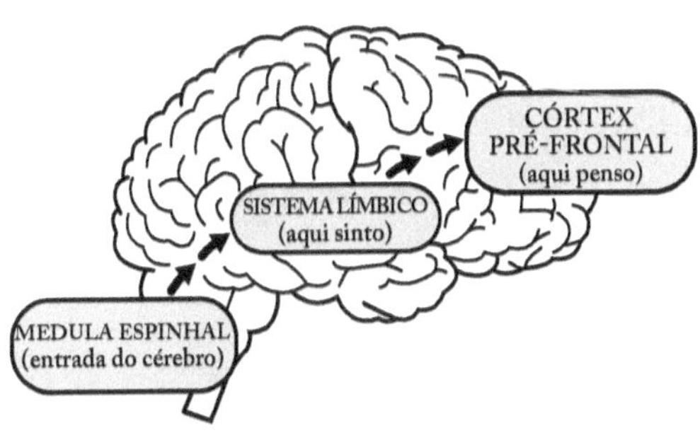


Figura 2.1. A mecânica do cérebro

O termo "inteligência emocional" foi mencionado pela primeira vez em 1964 pelos Drs. Joel Robert Davitz e Michael Beldoch[15], professores de psicologia em psiquiatria, ambos da Universidade de Columbia. Em 1995, o conceito ganhou visibilidade entre o público no livro *Inteligência Emocional* (Editora Objetiva, 1996), do Dr. Daniel Goleman, jornalista científico. Goleman a definiu como "nossa maneira de lidar com nós mesmos e com nossos relacionamentos".[16]

Goleman descreveu três facetas da inteligência emocional:

- **Autoconsciência**: reconhecer o que estamos sentindo e por quê;

- **Autocontrole**: como lidamos com emoções difíceis, nossa capacidade de nos sintonizarmos com as emoções quando necessário, como alinhamos nossas ações com nossas emoções e como alimentamos emoções positivas; e

- **Empatia**: nossa habilidade de reconhecer as emoções dos outros.

Os cientistas concluíram que a QE é um fator importante para que alguém chegue a um alto cargo em uma organização,[17] pois permite a uma pessoa gerenciar outras e persuadi-las a dar o melhor de si na equipe de que fazem parte, de modo que as estratégias sejam executadas com excelência. Goleman explicou a empatia desta forma: a maioria dos engenheiros, Ph.D.s e profissionais de alto desempenho tem um desvio do QI padrão para 115 ou mais. Isso significa que a maioria de seus colegas também tem QIs de 115 ou mais. O que destaca um indivíduo que se torna líder é a sua QE.

Eis um exemplo da importância da QE na liderança: Steve Jobs, cofundador da Apple, imaginou o iPhone. Ele especificou aos seus engenheiros como o aparelho deveria ser e definiu um plano. Mas Jobs não projetou e nem construiu o telefone. Os engenheiros é que fizeram isso. O QI ajudou Jobs a ter a ideia do produto: uma solução criativa para um problema e que estava fora do padrão conhecido e esperado naquela época. Essa inteligência lhe permitiu prever a oportunidade e criar uma estratégia para fazer com que o mercado adotasse seu novo produto. Já a QE o ajudou a contar a história do iPhone, a motivar sua equipe e a inspirar a empresa e os primeiros compradores.

Com esse entendimento, algumas escolas focaram o desenvolvimento da QE nas crianças. Além disso, os investimentos em desenvolvimento profissional de professores com foco na QE levaram a uma melhoria média de 10% em habilidades sociais, comportamento e sucesso acadêmico.[18]

A nossa compreensão dos fatores que predeterminam o sucesso não está mais limitada àqueles com o privilégio de terem nascido com um "QI alto". A combinação das habilidades cognitivas, pessoais e socioemocionais é a verdadeira determinante do sucesso. Quando temos consciência dos nossos sentimentos, podemos processar qualquer situação e utilizar habilidades cognitivas para agir. Como somos seres emocionais, devemos desenvolver tanto as habilidades cognitivas quanto as emocionais para nos tornarmos humanos capazes de realizar o que quisermos.

A importância da QE foi ressaltada por um relatório de 2019 do Brookings Institute.[19] O relatório prevê que a inteligência artificial (IA) continuará a ocupar empregos que possam ser automatizados, geralmente de baixos salários, mas também analíticos e técnicos. Em outras palavras, a IA realizará os trabalhos que requerem repetição e aqueles altamente ligados à QI. Por outro lado, empregos que exijam relacionamentos interpessoais, como na educação, no suporte à saúde e nos serviços de cuidados pessoais, provavelmente sobreviverão ao advento da IA. Esses trabalhos estão intimamente relacionados à QE.

Na Colômbia, os professores de Andres investiram na melhoria tanto da QE quanto da QI dele, nutrindo e despertando o gênio da liderança que sempre existiu dentro dele. Por causa disso, ele conseguiu se graduar na faculdade com um diploma em comunicações e passou a trabalhar no Ministério de Comunicações e Tecnologia da Colômbia. Lá, criou um programa nacional que, com o uso da tecnologia, possibilitou que pessoas com deficiência visual e auditiva frequentassem o cinema e conseguissem entender os filmes! Agora, imagine a vida de Andres sem essa experiência escolar. Que enorme perda de potencial para ele e para seu país. Pense em todo o potencial inexplorado por aí, em pessoas que nunca tiveram a mesma chance que ele. Se esses estudantes desenvolvessem seus potenciais, estaríamos em um lugar melhor como sociedade? Temos a necessidade urgente de focar no *desenvolvimento humano*.

Ao desenvolvermos indivíduos de destaque—gênios criativos que percebem seus potenciais únicos—, melhoramos a comunidade como um todo. No artigo *Education and Economic Growth* (*Educação e Crescimento Econômico*, sem tradução para o português), de 2008, vários acadêmicos compartilham uma reveladora análise microeconômica que pode ser resumida assim: aprimorar as habilidades cognitivas de cada estudante, em vez de garantir apenas o desempenho escolar, pode gerar um aumento do PIB de um ponto percentual por ano em um período de 40 anos.[20]

"Não tenho talentos especiais. Sou apenas apaixonadamente curioso", disse Einstein. Imagine se você tivesse dado aula para Einstein e fosse o professor no qual o jovem gênio sempre se inspirava. Como você se sentiria? O fato é que, agora que você entende o que é ser um gênio, pode começar a notar os gênios que estão sentados na sua sala de aula, apenas esperando a sua ajuda para que despertem seus potenciais.

## CAPÍTULO 3

# A SINA DE UM PROFESSOR

"Toda criança merece um campeão—um adulto que
nunca vá desistir dela, que entenda o poder da conexão
e insista para que ela se torne o melhor que poderia ser"

~RITA PIERSON

No filme vencedor do Oscar *Regras da Vida*, o Dr. Wilbur Larch (Michael Caine) coloca os garotos para dormir no orfanato de St. Cloud, zona rural do estado de Maine, com uma saudação: "Boa noite, Príncipes de Maine, Reis da Nova Inglaterra!". Um garoto pergunta: "Por que o Dr. Larch diz isso todas as noites?", "O Dr. Larch nos ama", responde um outro. "Mas por que ele faz isso?", insiste o primeiro. "Ele faz isso porque nós gostamos", responde um outro menino. "Você gosta disso, Curly?", questiona o primeiro. "Gosto". "Eu também gosto", diz o primeiro garoto novamente.

*Regras da Vida* é uma ficção, mas nos ensina lições de vida real que não têm preço. A história faz com que os machões fiquem com os olhos cheios d'água e os sensíveis chorem compulsivamente. Nessa cena, o Dr. Larch demonstra o quanto ele valoriza os garotos do orfanato em sua saudação de boa-noite, o que eles interpretam como "amor". O Dr. Larch chama os jovens de monarcas da cidade e do estado em que vivem, com direitos soberanos para reinar!

O que os garotos não sabem é que eles, na verdade, têm o direito soberano de reinar sobre suas próprias vidas, assim como você e eu. Somos todos monarcas com soberania sobre a nossa experiência de vida. Todos temos um potencial inato para realizar, independentemente das famílias em que nascemos, do país em que nascemos e de nossas classes socioeconômicas. Afinal, o mais importante não é de onde viemos, mas para onde estamos indo. Cabe a nós arriscar o crescimento ou permanecer acomodados. Ninguém pode fazer isso por nós. Há uma implicação profunda na compreensão de que somos todos monarcas: você respeita a si mesmo por sua realeza e respeita os outros porque são realeza também.

Portanto, na próxima vez que encontrar seus estudantes, lembre-se disto: cada criança é única por definição. Não há impressões digitais como as delas no mundo e nunca haverá. Cada um de seus cérebros tem 100 bilhões de neurônios que podem ser guiados para formar $(100$ $\text{bilhões})^n$ de combinações e gerar redes neuronais: conhecimento, ideias, criações, conceitos etc. Essas redes são todas próprias de cada criança e diferem daquelas de todos os outros humanos que já existiram, existem ou existirão. São esses os gênios dos seus estudantes! Como seria o mundo sem cada um deles? Celebre a existência e o potencial que eles têm a oferecer!

O futuro brilhante de seus estudantes só é possível pelo aprendizado, pois o aprendizado forma e desperta seus gênios. Quanto mais eles aprenderem e experimentarem com a orientação certa, mais sábios serão.

Portanto, nunca limite a aprendizagem, pois você estará limitando suas experiências de vida. Todos os dias, seja grato pelas possibilidades que se desvelam para cada um deles. A única forma de aproveitar o hoje é amar o que eles fazem hoje. Saia da sua zona de conforto e ajude seus estudantes a viver suas vidas com plenitude.

Porém, eu sei que não é fácil. Segundo o dicionário Aurélio, como substantivo, "sina" significa (1) predestinação, fado; e (2) destino que não se pode evitar, ou fatalidade, sorte. A educação é realmente a sina de cada professor. Por um lado, ele se compromete a estimular o desenvolvimento humano, sendo a profissão do ensino, na minha opinião, uma das mais nobres. Por outro, os desafios do trabalho são enormes no caminho para a realização desse compromisso.

Uma breve observação dos dados da profissão docente nos EUA mostra o quão profundamente os professores são desafiados atualmente:[21]

1. Mais de 200 mil professores abandonam a profissão a cada ano, e dois terços deles por motivos que não a aposentadoria;

2. 50% dos professores já pensaram em abandonar a profissão;

3. 58% dos professores em sala de aula descrevem sua saúde mental como "não boa" (os seus filhos estão em uma sala de aula com eles neste momento);

4. 72% dos professores relatam já ter sentido pressão moderada a extrema por parte dos conselhos e das administrações escolares para que seus estudantes tivessem notas melhores.

De acordo com o Learning Policy Institute (Instituto de Políticas de Ensino, EUA), que conduz e compartilha pesquisas relacionadas à prática e às políticas de educação, a evasão de novos professores depois de um ano de ensino pode ser reduzida em mais da metade por meio de mentoria de qualidade, integração efetiva de novos professores na cultura da escola, colaboração e recursos adicionais. Infelizmente, somente 3% dos professores iniciantes recebem esse tipo de suporte.[21]

De acordo com o National Center for Education Statistics—NCES (Centro Nacional para Estatísticas de Educação, EUA), até o ano de 2028, haverá necessidade de 3,9 milhões de professores no sistema educacional dos EUA, um aumento de 7% sobre 2016.[22] Ao mesmo tempo, há uma pressão lógica e definitiva para se aplicar um modelo personalizado de aprendizagem, em que cada criança receba a atenção necessária para aprender bem. Pela estrutura educacional atual, um modelo mais próximo do estudante exigiria o dobro do número de professores nas escolas americanas, reduzindo o tamanho das salas de aula para aproximadamente 10 pessoas ou menos.

Salas menores permitiriam que os professores dedicassem sua atenção de forma individualizada. Porém, como podemos pensar em aprendizagem personalizada quando o número de professores talentosos está caindo, e os que permanecem descrevem sua saúde mental como "não boa"? Além disso, como os professores podem focar a experiência de aprendizagem de cada estudante se o sistema exige uma melhora de desempenho nas avaliações externas? De fato, a sina de um professor é esta: o desejo genuíno de cumprir seu compromisso profissional somado aos desafios de realizá-lo com um modelo educacional do século XIX.

## ~ UMA HISTÓRIA FAMILIAR—A VIDA DE UM PROFESSOR ~

Entrevistei diversos professores e professoras para explorar suas experiências em primeira mão. O relato a seguir compartilha algumas das experiências que muitos deles expressaram. Como quero que essa professora conte sua própria história, reproduzo aqui as palavras dela:

Meu nome é Chanel Williams, professora do ensino médio.

Quando eu estava no ensino fundamental, costumava brincar de professora com meu irmão. Eu gostava de ajudá-lo a aprender. Como ele tinha dificuldades, principalmente com a leitura, eu lhe fazia perguntas, o ajudava com o dever de casa e também tentava inspirá-lo. Pra ser sincera, a parte da inspiração era um pouco difícil, porque, na maioria das vezes, significava dizer coisas tipo "Não fuja! Não desista!". Eu me importava e acreditava que meu irmão era inteligente. Queria que ele fosse bem-sucedido.

Venho de uma família humilde na cidade de Hollywood, na Flórida. Na escola pública que frequentei, ninguém nunca identificou qualquer paixão específica em mim. Eu era só mais uma estudante passando pelo sistema, sentada durante as aulas e fazendo o que me diziam para fazer. Mais tarde, me matriculei na faculdade para ser professora.

Quando comecei a lecionar, arregacei as mangas e me preparei para dar duro! Assim como acontece com a maioria dos professores, eu queria salvar o mundo. Comecei com essa paixão inquieta por fazer a diferença e, durante os quatro primeiros anos, não tinha ninguém que pudesse me segurar no ensino de história. Até eu cair na realidade. Isso foi em 2008, quando minha rota foi alterada pela recessão. Por conta de cortes pesados no orçamento, a única maneira que a administração encontrou para me manter no sistema foi fazer com que eu ensinasse leitura.

Aceitei o desafio acreditando que teria o suporte necessário da administração e do distrito, incluindo materiais e desenvolvimento profissional. O problema é que, devido à falta de recursos, que pode afetar significativamente a educação de um jovem, esse não foi o caso. Vários dos meus estudantes do ensino médio não sabiam ler, tinham passado por muitos traumas e viviam na pobreza. Fui deixada por conta própria, apenas com a minha imaginação, vontade e motivação para ensinar a essas crianças.

Tentei muito mesmo. Mas, depois de quatro anos enfrentando a falta de reconhecimento e de recursos, desisti. Deixei o sistema e tirei um tempo para me encontrar. E foi tão difícil. Eu me sentia péssima pelos meus estudantes. Percebi que amo ensinar e que não conseguia me ver fazendo qualquer outra coisa. As memórias de quando eu ensinava meu irmão começaram a voltar à minha mente, e eu realmente queria ajudar outras crianças. Como eu poderia pensar em deixar isso para trás? Então, retomei a minha paixão.

Depois de seis meses afastada, comecei a trabalhar em uma escola *charter* (tipo de escola pública cooperativa dos EUA), mas foi pior do que minha experiência anterior! Meu trabalho não era valorizado. Saí da escola *charter* e voltei para uma escola pública em Miami-Dade. Por ter tido baixo desempenho por muitos anos, essa escola de ensino médio, especificamente, havia sido assumida pelo estado, que estava testando um novo conceito, a transformação da educação. Eu tinha um suporte excelente, mas a escola era supersevera com os estudantes, e o ambiente era de alta pressão para todos. Eu era observada o tempo todo e nunca tinha folga. Acho que uma pessoa só consegue viver sob esse tipo de pressão por um tempo limitado. De verdade, professores não têm medo de trabalhar duro, mas precisamos de espaço para respirar!

Ainda assim, o que vivi nesse período me ensinou a levar a ciência da educação realmente a sério e a estudar as evidências e pesquisas. A responsabilidade me ensinou a consultar a ciência, a explorar os efeitos da pobreza, da estrutura familiar, da comunidade e das parcerias para poder enxergar a criança como um todo. Eu me apoiei na experiência do meu primeiro trabalho como professora e, por causa das minhas práticas, recebi diversos prêmios, incluindo um Certificado de Reconhecimento Especial do Congresso dos EUA.

Depois de três anos no distrito de Miami-Dade, em um contexto de ensino médio e técnico, voltei para uma escola no distrito de Broward. A situação estava pior do que a que eu havia deixado em 2012. As escolas de hoje estão de olho nas pontuações das provas, e os estudantes funcionam em piloto automático. O conteúdo atual e o processo de ensino simplesmente não funcionam. Essas crianças são muito inteligentes e têm muita consciência do que está acontecendo, mas foram treinadas pelo sistema a acreditar que ir à escola é a única opção que têm para conseguir um emprego—e que o sistema sabe do que precisam melhor do que elas mesmas.

Hoje, essas crianças podem fazer tanto com as habilidades que têm; o problema é que o ambiente em que estão sendo ensinadas não as nutre. Meus colegas e eu observamos isso todos os dias. Aos 2 anos de idade, uma criança pode acessar uma enorme quantidade de conteúdo com a tecnologia, manipulá-la melhor do que nós e utilizar tudo isso de maneiras muito diversas. Elas são superinteligentes, minigênios de 5 ou 6 anos, por causa das informações a que têm acesso e pelo uso que fazem delas.

Entre os 2 e os 6 anos de idade, elas são muito criativas e imaginativas. Temos uma grande oportunidade de nutri-las para que sejam criativas, inovadoras na solução de problemas e capazes de lidar com grandes questões mundiais. Precisamos nutri-las para que vivam à altura dos seus destinos, mas o nosso sistema educacional não percebe que todas as nossas crianças são dotadas.

Falando desde a linha de frente, meu apelo aos líderes da educação é este: precisamos de um chacoalhão no sistema. Estamos apenas mantendo o *status quo*, e os que querem fazer a diferença não conseguem o apoio das lideranças. Precisamos de um chacoalhão no conteúdo, nos modelos e nas estratégias de instrução. Mas não vejo o sistema usando a ciência para conectar a educação ao que está acontecendo agora.

Tudo o que as crianças estão aprendendo hoje é sobre o passado, cujas perguntas já foram todas respondidas. Em vez disso, deveríamos estar fazendo perguntas hoje para resolver os problemas de hoje, que vão afetar o nosso futuro. Se fosse secretária municipal ou estadual, eu:

- questionaria a maneira como a educação está sistematizada atualmente;

- alteraria o sistema de testes. Não acho que o futuro de uma criança deva depender de uma avaliação de conteúdo. Podemos avaliar uma criança de outras maneiras que nutram o seu potencial;

- conduziria várias inovações na educação que estão longe do ensino tradicional;

- trabalharia com universidades, para testar as teorias educacionais;

- faria parcerias com empresas locais. Esses parceiros têm que dar suporte às nossas escolas. Afinal, nossa força de trabalho está sendo formada aqui.

Ouço o tempo todo que não temos o orçamento necessário para isso ou aquilo. Se queremos levar este país a anos-luz de onde estamos e definir uma rota para a prosperidade, precisamos investir nas nossas crianças.

Ser professor é difícil. Ser um educador é uma vocação. Você pode mudar vidas de diversas maneiras, mesmo fora da sala de aula, atuando como um administrador, um tutor virtual ou por outras estratégias que lhe pareçam fazer sentido. Mas nós precisamos de professores! As pessoas que mudaram o curso da história foram educadores: Buda, Jesus, Ghandi e tantos outros. Professores sempre serão necessários.

O que quero dizer aos novos professores é um clichê, mas realmente não fazemos nosso trabalho pelo dinheiro. Infelizmente, pode ser que leve muitos anos até conseguirmos respeito. Você tem que entrar sabendo bem que haverá dias em que vai querer largar tudo, que vai bater cabeça com a administração e com colegas e que verá coisas quase desumanas. Se quiser causar um impacto, você vai ter que começar por conta própria, usando o que tem no fundo de si mesmo. Você está fazendo a diferença. Pequenas coisas que diz aos seus estudantes podem fazer a diferença.

As crianças vão se lembrar de você por isso, e não pelo conteúdo que está ensinando a elas. Alguns de meus estudantes do passado chegam a mim hoje e dizem: "Você falou com a gente sobre a vida e mostrou que realmente nos entendia". Ainda que em pequeno número, meus estudantes me agradeceram.

As crianças reconhecem os professores que se importam. Às vezes, por causa de suas circunstâncias, elas até já viveram mais do que nós, tendo visto coisa de mais para um período muito curto. Elas sabem quais professores não estão ensinando de verdade e não se importam. E também sabem quem realmente se preocupa. Elas farão qualquer coisa por você, desde que mostre que as respeita como pessoas decentes e as trate como seres humanos. A recompensa por ser um professor é ser parte da jornada de outras pessoas e ajudá-las a cumprir seus destinos e propósitos na vida. Como professor, você não será milionário—a menos que ganhe na loteria! A educação é uma vocação.

Tenho muitas memórias dos meus estudantes, mas há uma, especificamente, que me inspirou a continuar na profissão quando estava em dúvida. Criei um clube chamado "O Time dos Sonhos de Darfur" para arrecadar fundos para a doação de roupas, suprimentos e materiais de ensino para crianças no Chade, um país que passava por uma guerra civil naquela época. Por toda a escola, tínhamos cartazes que falavam diretamente às emoções. Meus estudantes não tinham ideia do quanto uma criança pode ficar traumatizada pela guerra. Quando entenderam isso, estavam prontos para ajudar.

Um dia, uma aluna me contou que, por causa dessa experiência, tinha decidido ser advogada de direitos humanos. Quando tinha a idade dela, eu já queria ser professora, mas nunca tinha tido a oportunidade de compartilhar essa paixão com os meus professores. Por isso, fiquei muito feliz em ajudá-la e guiá-la em direção ao seu objetivo. Dois anos mais tarde, ela conseguiu uma bolsa de estudos para se tornar advogada na área. Eu fiz a diferença na vida dela e de muitos outros.

Realmente espero que diretores, professores e líderes leiam esta mensagem. Temos que pensar na criança como um todo. Temos que parar de tomar decisões por interesse próprio. Temos que escutar as vozes dos nossos estudantes, bem como dos professores que se importam, e seremos muito abençoados como professores e como nação pelos benefícios que uma educação adequada propicia aos estudantes.

A sina de um professor é a sina de um herói. Professores enfrentam desafios diferentes daqueles de qualquer outra carreira, pois se esforçam para servir às crianças. E se conseguíssemos ajudar os professores agora mesmo, sem precisarmos mudar o sistema escolar?

# DEVERÍAMOS FECHAR TODAS AS ESCOLAS?

"A diferença entre a escola e a vida? Na escola, lhe
ensinam uma lição e depois lhe dão um teste. Na vida,
você passa por um teste que lhe ensina uma lição"

~Tom Bodett

O que você acha? Deveríamos fechar todas as escolas? Eu me indago se você vai se sentir diferente ao terminar de ler este capítulo. No começo da década de 50, o Departamento de Educação de Nova York perguntou a Albert Einstein o que as escolas deveriam enfatizar. Naquela época, Einstein estava morando em Princeton, Nova Jersey, atuando como professor na Universidade de Princeton. Ele já tinha décadas de exposição na mídia mundial e tinha se tornado popularmente conhecido como um gênio. Sua opinião importava porque ele era um homem que havia demonstrado sua capacidade de explorar o desconhecido. Einstein tinha uma resposta e alguns conselhos bem pensados:

> "[As escolas deveriam enfatizar] o ensino de história. Deveria haver uma longa discussão sobre personalidades que beneficiaram a humanidade por sua independência de caráter e julgamento . . . Comentários críticos dos estudantes deveriam ser vistos de maneira amigável. A acumulação de conteúdos não deveria abafar a independência dos estudantes".[23]

Einstein resumiu a educação que adoraria ter recebido na escola. Lendo entre as linhas, podemos entender que ele queria que as escolas tivessem pessoas de sucesso como modelos, identificassem os hábitos delas e ajudassem as crianças a aprender esses hábitos. Ele queria que as escolas estimulassem o questionamento e colocassem o foco na imaginação, e não somente em conteúdo. Sem dúvida, cada invenção, produto, projeto, obra de arte, música, grande líder, atleta, livro ou filme começou na mente de uma pessoa. Alguém teve um sonho sobre algo e tomou uma atitude para dar vida a esse sonho. É simples assim. Isso significa que o gênio já está dentro da pessoa, esperando para florescer.

Escolas são o lugar ideal para as crianças começarem a sua jornada de vida, para permitir que elas cometam erros, para ajudá-las a se levantar e para guiá-las rumo à realização de seus potenciais. Na década de 50, Einstein talvez já imaginasse o futuro como ele é hoje, tão bem conectado quanto os átomos que estudou por tanto tempo. Ele previu que precisaríamos nos ancorar na criatividade e na imaginação para projetar o mundo em que vivemos.

Em 2010, 60 anos depois das recomendações de Einstein para o Departamento de Educação de Nova York, o especialista em criatividade Sir Ken Robinson apresentou um dos vídeos sobre educação de maior impacto e com mais visualizações no YouTube, *Changing Education Paradigms* (*Mudando os Paradigmas da Educação*). Ele compartilhou como alguns países estavam realizando reformas na educação e no que colocavam o foco. Robinson discutiu o desalinhamento entre o que nossas crianças precisam e o sistema escolar que os países estavam reformando para suprir as necessidades do século XXI. Sua mensagem criou a consciência de que precisamos ir adiante com as reformas escolares. Mesmo assim, uma década depois, não fizemos progressos significativos. Temos, sim, "núcleos de inovação" em escolas isoladas, mas vemos pouca ou nenhuma capacidade de escalar essas inovações.

## ~ COMO A HISTÓRIA DAS ESCOLAS PÚBLICAS NOS ATRASA ~

A educação pública obrigatória começou na Europa em 1524, proposta por Martinho Lutero, que acreditava que essa seria uma maneira eficiente de doutrinar as crianças em sua nova igreja. Ele convenceu políticos de que a educação pública reforçaria o poder do Estado e convenceu as famílias de que isso ofereceria oportunidades iguais para que todas as crianças fossem educadas e, portanto, que elas teriam maior chance de sucesso social e econômico.

O modelo de "escola-fábrica", como o conhecemos, foi concebido pela primeira vez em 1717 pelo rei da Prússia, Frederick William I, que abriu caminho para que países de todo o mundo fossem pela mesma linha, com sistemas escolares públicos organizados para preparar estudantes como se fossem um grupo coeso, em que todos seguem o mesmo formato e currículo ao mesmo tempo. Do século XVIII para cá, a escola não alterou muito sua lógica, embora existam muitas pesquisas e práticas apontando que a mudança é necessária.

As famílias foram convencidas de que a educação escolar era a grande oportunidade que seus filhos teriam para uma vida melhor, crença esta que perdurou ao longo dos séculos. É por isso que, desde jovens, tantos de nós fomos ensinados a estudar muito, trabalhar muito, ser corretos, ter uma família, comprar uma casa, ter férias bacanas aqui e ali e, por fim, conseguir a aposentadoria, para completar a lista de ser próspero e feliz. Essa é uma definição de sucesso criada pelos outros—e que tinha que começar com estudar muito na escola. Obviamente, ninguém nos disse logo de cara que só no fim da vida poderíamos ser completamente bem-sucedidos! Fomos ensinados a viver, desde o nascimento até a morte, sem causar muitos problemas para ninguém.

Com a escola como nosso ponto de acesso para esse sucesso, começamos a trabalhar a jornada da nossa vida aos 5 anos, ainda na pré-escola. Lá, os professores nos dizem exatamente o que fazer para termos sucesso ao longo da vida escolar: que animais pintar, que matérias aprender, que livros ler, que testes fazer, em que faculdades estudar, quais empregos escolher e assim por diante. Somos destinados a passar a maior parte do nosso tempo em "modo automático", em uma jornada totalmente inconsciente, mas acreditando fazer a coisa certa. A certeza dessa jornada pode ser muito confortável, o que nos condiciona a evitar a incerteza; o mundo, porém, é imprevisível e incerto, o contrário daquilo para o que fomos educados.

Por ser muito subjetiva, a paixão é ignorada na escola. Afinal, existem somente algumas poucas pessoas que alcançaram sucesso profissional seguindo suas paixões. Para os estudantes, é arriscado demais investir nisso. Aprendemos a descartar nossos desejos mais profundos e cumprir a definição de sucesso dos outros, mesmo sem perceber. Não é irônico que tantos discursos de graduação incluam conselhos como: "Siga a sua paixão! Ouça o seu coração!"? Quando foi que aprendemos a seguir as nossas paixões? Será que os estudantes têm mesmo uma paixão? Como podemos pedir que ouçam seus corações, quando eles mal podem escutá-los bater?

A menor das decisões e das atitudes que tomamos na escola tem impacto significativo nas vidas dos estudantes. Imagine dizer precisamente o que eles devem fazer durante cada momento do dia por doze anos. Isso cria conformismo, em vez de originalidade, e mata a iniciativa, a criatividade e a atitude, podendo refrear seus cérebros pelo resto de suas vidas. Seguir ordens torna-se algo natural para os estudantes, visto que foi o que fizeram por tanto tempo. Uma consequência é que eles podem passar a ter medo de fazer algo fora do *status quo* ou de perseguir seus sonhos, pois serão julgados por isso. Eles hesitam em fazer qualquer coisa que não se alinhe com as instruções que receberam, pois agir assim poderia levá-los a ser rotulados como um fracasso. Com muita frequência, quem não se conforma pode ser medicado com drogas como a Ritalina, para que passe pela escola como uma "criança normal".

É isso que os estudantes estão praticando nas escolas de hoje, e é isso que organizações ineficazes ainda repetem e cultivam na fase adulta. Uma cadeia de comando piramidal, em que os chefes dão as ordens porque sabem mais, é um reflexo do sistema escolar industrial, no qual os professores são a fonte do conhecimento. Os funcionários seguem ordens à risca, fazendo somente o necessário para "sobreviver", com o foco em consertar erros, em vez de buscar a excelência. Afinal, foi o que aprenderam com a famosa caneta vermelha, que os professores usam para destacar os erros em provas.

Não é desse tipo de educação que os estudantes precisam no mundo de hoje. Vou compartilhar um exemplo da minha própria vida: meu primeiro emprego de verdade foi em uma empresa iniciante, uma *startup*, aos 18 anos, enquanto estava na faculdade. Éramos em quatro pessoas e, embora eu tivesse sido contratada para desenvolver *software*, tínhamos que fazer praticamente tudo, desde atender ao telefone até servir café aos clientes, criar apresentações e preparar propostas. Assim é a vida em uma *startup*. Um dia, minha gerente me pediu que enviasse uma proposta a um cliente por fax. Sim, isso foi há muito tempo—e não, ainda não havia e-mail naquela época. Pedi o número do fax a ela, que respondeu: "Não sei. Descubra!". Aquela interação banal mudou a minha vida. Percebi que sempre me tinham dito o que fazer e que me davam as ferramentas necessárias, mas que as coisas funcionavam de um jeito diferente no mundo real. No mundo real, cada um de nós tem que encontrar os recursos de que precisa e fazer as coisas acontecerem. Levou um tempo, mas consegui encontrar o número do fax do cliente.

Essa experiência me trouxe a consciência de que eu precisava ter atitude proativa. Passei a me sentir desconfortável com o que era comum, com simplesmente seguir ordens. Eu queria contribuir significativamente para o mundo, partindo de atitudes simples para tornar as coisas extraordinárias. A partir de então, assumi a postura de agir com base nas minhas observações do que era necessário. Essa iniciativa compensou, pois me tornei sócia da empresa e, mais tarde, depois de vender minhas ações da *startup*, tive uma carreira corporativa de sucesso nos EUA.

## ~ AS CONSEQUÊNCIAS DE LONGO PRAZO DA DESCONEXÃO ENTRE APRENDIZAGEM E PAIXÃO ~

No mesmo ano do meu primeiro emprego real, uma amiga me convidou para um concerto. Eu estava muito cansada naquele fim de semana, mas fui assim mesmo, e a experiência acabou sendo fantástica! A cantora brasileira Ludmila Ferber e sua banda nos envolveram por horas que pareceram minutos. A voz de Ferber soava como as ondas do mar em uma noite calma e de lua cheia. Ela fazia as mudanças de tom com muita facilidade. Suas letras, compostas por ela mesma, se uniam à melodia e iam diretamente do cérebro para o coração.

No fim do concerto, minha amiga conseguiu nos levar para o camarim, e tive a chance de conversar com Ferber. "Eu queria cantar como você. Como posso cantar como você?", perguntei a ela. Eu sempre amei música, e o concerto tinha me inspirado. Ela me respondeu: "O que você quer para a sua vida? Qual é a sua paixão?". Olhei fixamente para ela com a minha boca aberta. "O quê? Eu não sei!", respondi, encolhendo os ombros. "Estou estudando na faculdade para ser engenheira. Isso serve?". Ela olhou profundamente nos meus olhos e disse: "Quando você descobrir qual é a sua paixão, venha falar comigo de novo", então virou-se e foi embora. Naquele momento, desejei poder ter dito qual era a minha paixão.

Eu não tinha uma paixão naquela época. A vida inteira, sempre me haviam dito o que fazer. Eu achava que a escolha de me tornar uma engenheira se traduzia em "paixão", mas, na verdade, eu não tinha ideia. Já vi minha história se repetir nas vidas de muitos estudantes. O meu trabalho pretende mudar isso.

Pouco a pouco, as escolas desconectam as crianças de suas paixões, como mostrou o estudo do Dr. George Land sobre o gênio criativo, descrito no Capítulo 2. Dizer aos estudantes que aprendam algo que não tem relação com seus interesses ou paixões lhes causa tédio e estresse pelas provas e reduz sua empolgação em aprender. Conforme os estudantes crescem nesse modelo, muitos acabam tendo uma redução nos níveis dos neurotransmissores serotonina e dopamina em seus cérebros. O corpo se acostuma com essa mistura de elementos químicos.[24] A serotonina é responsável pela satisfação, e a dopamina, pela empolgação. Níveis menores desses neurotransmissores resultam em apatia, falta de motivação e de interesse, ansiedade por um futuro incerto e depressão.

Não estou dizendo, de jeito nenhum, que as escolas são a única causa de depressão e ansiedade nos estudantes. No entanto, devemos reconhecer que eles passam uma parte significativa de suas vidas nesse ambiente, e o que acontece nele cumpre um papel vital no seu desenvolvimento. A escola influencia diretamente o cérebro por aquilo que as crianças aprendem, escutam e vivenciam.

Independentemente da causa, nossas escolas estão educando uma geração com altos níveis de ansiedade e depressão. Durante os últimos 25 anos, esses dois transtornos cresceram 70% entre adolescentes.[25] O *Journal of Social & Personal Relationships* (Jornal sobre Relações Sociais e Pessoais) relatou que esses jovens formam a "geração mais solitária", com apenas 28% deles passando tempo com amigos diariamente, e com 38% sentindo solidão de modo frequente. No fim do ano de 2018, na pesquisa do Pew Research Center, 70% dos adolescentes entre 13 e 17 anos disseram que a depressão e a ansiedade eram um problema relevante entre seus colegas.

Pare um pouco para analisar essa situação por si mesmo. Você passou por estresse e ansiedade quando estava na escola? E os seus colegas? Qual era a situação emocional deles durante as provas, exames finais e entrega de trabalhos? Há uma boa chance de que muitos no seu grupo, incluindo você, tenham vivido essas emoções indesejadas. Agora, imagine no que resultam essas experiências quando os jovens amadurecem e entram na força de trabalho sem as ferramentas e habilidades para lidar com seus próprios estados emocionais. Globalmente, o impacto é tão grande que o Fórum Econômico Mundial relatou que cerca de 4% da população global foi diagnosticada com distúrbios de ansiedade. Calculou-se, também, que 62% das pessoas não recebem nenhum tratamento para seus distúrbios e que, até 2030, problemas de saúde mental custarão à economia global US$ 16 trilhões.[26]

A má notícia é que a falta ou o excesso de um ou mais neurotransmissores no cérebro pode se tornar um vício para o corpo, criando um circuito eterno de desequilíbrio. A prescrição e o uso recreativo de drogas ou álcool estimulam a produção de neurotransmissores como a epinefrina, a dopamina e a serotonina, dando ao usuário a sensação de bem-estar. No entanto, quando o efeito das drogas desaparece, o desequilíbrio retorna, viciando o usuário nessa droga para produzir os neurotransmissores relacionados a ela.

A ansiedade e a depressão, ou uma dose contínua de norepinefrina de qualquer fonte, diminuem a motivação para fazer coisas como trabalhar, se exercitar ou se relacionar com outras pessoas. Ao colocar o corpo em um estado quase constante de "lutar ou fugir", elas aumentam a pressão sanguínea e o apetite por "comidas confortáveis", que podem levar a doenças cardíacas. Quando isso começa na infância ou adolescência, geralmente continua até a idade adulta.[27]

Para muitos estudantes, a escola adormece seus cérebros, causando insatisfação, tédio, estresse e ansiedade, sentimentos cujas fontes eles não conseguem identificar. O resultado? Indiferença, que eles levam consigo para o mundo profissional e se transforma em uma desconexão deliberada. Isso representa US$ 300 bilhões em produtividade anual perdida, de acordo com o relatório Gallup de 2013. Mais de 87% dos norte-americanos estão ativamente desconectados no trabalho. Será que eles estão seguindo suas paixões e realizando seus sonhos? Os números dizem que não.

Essa é uma dura realidade. Quanto mais desconectados estamos do que amamos e do prazer de nos engajarmos no que gostamos, maior é o impacto negativo sobre o resto dos nossos anos de vida. Land, Sagan, Robinson e tantos outros já nos alertaram que isso está acontecendo em nossas escolas. A solução seria fechá-las todas, então? Na minha humilde opinião, absolutamente não. No entanto, passar mais um dia educando as crianças como fazemos hoje, em um sistema em que o rigor prevalece sobre a relevância, é uma perda de potencial e de mentes talentosas. O que fazer?

Não estou qualificada para ditar como as escolas devem funcionar ou como deveriam ser. Mas apresento este livro a você com base na minha experiência trabalhando com educação, na minha especialização em tecnologia, no meu entendimento do que está por vir com a inteligência artificial e no meu compromisso de, coletivamente, construir algo valioso.

Primeiro, e mais importante, devemos parar de falar sobre fechar escolas e de culpar professores, estudantes ou, até mesmo, o sistema. Quanto mais tempo perdemos reclamando, menos tempo dedicamos a trabalhar. Depois, devemos entender que é incrivelmente difícil mudar um sistema que já tem dois séculos. Portanto, no nosso vocabulário, vamos trocar "mudar" por "crescer". Sim, o sistema atual foi concebido para a era industrial. Acontece que, quando a era do conhecimento chegou, ela não substituiu a era industrial, mas cresceu a partir dela. Deve acontecer o mesmo com o sistema educacional, que pode crescer do formato escolar da linha de montagem para o formato escolar de estímulo de potenciais. Por fim, precisamos trabalhar para fazer isso acontecer com vistas à escalabilidade do sistema.

## ~ COMO PODEMOS MELHORAR A ESCOLA AGORA MESMO ~

Podemos tratar da desconexão entre aprendizagem e paixão e da consequente desconexão no trabalho já com as gerações que estão sendo educadas agora. Independentemente de onde estejamos hoje com qualquer sistema escolar, a neuroplasticidade do cérebro permite que os humanos modifiquem seu comportamento, humor e visão da vida. Quando neurotransmissores são disparados, existe um potencial para a ação, e nosso modo de agir e reagir a isso criará um equilíbrio ou desequilíbrio de neurotransmissores. Alguns tipos de terapia psicológica, por exemplo, nos dão a consciência cognitiva para controlar nossos pensamentos e ações. Simplesmente praticar a mudança de reação a uma determinada recompensa quando um hábito ruim é disparado, mais cedo ou mais tarde, fará com que esse hábito ruim seja substituído por um hábito melhor.

Os bons resultados das abordagens terapêuticas influenciam diretamente a economia: para cada US$ 1 investido no tratamento de distúrbios mentais, obtemos US$ 4 de retorno em produtividade.[28] No mesmo sentido, experiências positivas podem ajudar a alterar o equilíbrio dos neurotransmissores na mente, assim como acontece com as experiências negativas. Isso é bem demonstrado pela ciência da neuroplasticidade, também conhecida como plasticidade cerebral. Ela já provou que nossas atividades, experiências—positivas e negativas—e diversos outros fatores podem levar nossos cérebros a criar novas conexões neuronais, reforçar as existentes e acelerar as transmissões entre neurônios. Essas mudanças são possíveis em qualquer idade.[29]

Para gerações mais novas, uma experiência escolar positiva pode contribuir para um equilíbrio saudável dos neurotransmissores. Crianças devem desaprender a ideia de que nasceram com certas qualidades que definem quem elas serão na vida. No lugar disso, devem aprender que podem desenvolver a capacidade de ser quem quiserem ser. Uma pesquisa da Dra. Carol Dweck, psicóloga e professora da Universidade de Stanford, mostra que esses tipos de ensino levam as crianças a desenvolver duas mentalidades muito diferentes:[30]

- **mentalidade fixa:** quando são ensinados ou tratados como se tivessem nascido com certas qualidades imutáveis, "estudantes acreditam que suas habilidades básicas, sua inteligência, seus talentos são apenas qualidades fixas", Dweck explica;

- **mentalidade de crescimento:** quando as crianças são ensinadas que podem aumentar sua inteligência, que seus cérebros podem crescer e mudar, elas "acreditam que, se trabalharem na direção de aumentar sua inteligência, todos podem fazê-lo", diz Dweck.

Uma mentalidade fixa leva à busca da perfeição e relaciona a recompensa a fazer precisamente o que o professor diz. Um perfeccionista é o pior crítico de si mesmo, tentando continuamente mostrar valor e aceitando os outros somente com base em características limitadas. A pesquisa de Dweck mostra que isso faz com que os estudantes tentem parecer inteligentes o tempo todo e nunca queiram se mostrar burros ou arriscar algo que poderia não funcionar.

Por outro lado, quando guiados para uma mentalidade de crescimento, eles "entendem que seus talentos e habilidades podem ser desenvolvidos pelo esforço, bom ensino e persistência. Eles não pensam necessariamente que todos são iguais ou que ninguém pode ser como Einstein; ao contrário, acreditam que, se trabalharem na direção de aumentar sua inteligência, todos podem fazê-lo", explica Dweck. Isso os torna mais empenhados e engajados, levando-os a dedicar o tempo e esforço necessários para alcançar conquistas maiores.

Se as crianças aprendem que falhar faz parte do processo de crescimento como ser humano, elas provavelmente compartilharão mais sobre o que acontece com elas e o que as motiva, dando aos adultos, assim, dicas mais precisas para que orientem seu desenvolvimento. Uma maneira importante, gratuita, rápida e eficiente que os educadores podem usar para melhorar a experiência escolar é guiar ativamente as crianças para uma mentalidade de crescimento, com cada uma partindo de seu atual ponto de desenvolvimento.

A seguir, apresento cinco tópicos em que, partindo de uma perspectiva pedagógica, convido você a pensar sobre como melhorar a experiência na escola. Sem dúvida, há outras áreas a serem consideradas, como a infraestrutura, a remuneração dos professores e os recursos. No entanto, ao longo dos últimos 15 anos, vi comunidades educativas que partiram desses pontos para encontrar uma forma de melhorar, e muito, as vidas dos estudantes. Geralmente, essas escolas têm acesso a poucos recursos, com professores que, inclusive, criam seus próprios livros, porque o sistema não lhes fornece livros didáticos. São escolas sem nenhuma tecnologia, mas cujos estudantes encontram uma forma de pesquisar as notícias mais recentes. São escolas superlotadas, mas em que professores e estudantes trabalham juntos para ajudar um ao outro e fazer com que todos aprendam. Se essas escolas conseguiram ser bem-sucedidas, imagine as que têm todos os recursos disponíveis! Não existe desculpa para não tentar.

## ~ 5 FUNDAMENTOS-CHAVE PARA MELHORAR A PEDAGOGIA ~

1. **O sistema já existe.**

Devemos começar do ponto em que estamos, pelas nossas práticas atuais, pelo que já sabemos. Há muitos processos e procedimentos que já estão em uso. Meu objetivo é que você adote práticas alinhadas às políticas existentes e, depois, transforme as políticas à medida que observar resultados e dominar essas práticas. Por exemplo, defender a eliminação das avaliações externas de uma vez por todas é uma perda de tempo. Em vez disso, tente demonstrar na prática que os estudantes ganharão mais com o tempo e a atenção dedicados à autoavaliação. Então, mais cedo ou mais tarde, as políticas evoluirão para refletir isso.

2. **A escola deve ajudar cada criança a perseguir seu próprio propósito na vida.**

Para aumentar a empolgação com a aprendizagem, as crianças devem aprender continuamente sobre coisas relacionadas às suas paixões, tanto na escola quanto em casa. Isso naturalmente produz dopamina em seus cérebros, criando um ciclo de reforço positivo para mais aprendizagem. Por exemplo, você sabe por que tantas crianças não gostam de ler? Porque o ato implica ler livros de que elas não gostam. Ler um livro não relacionado às paixões delas é tão chato quanto ler um manual. Pode até ser que você o leia uma vez, para aprender como operar um novo aparelho, mas, depois, vai descartá-lo com a esperança de nunca precisar tocar nele de novo. Em vez disso, estimule as crianças a ler livros relacionados aos seus interesses individuais. O consciente e o subconsciente devem trabalhar juntos na aprendizagem. A linguagem do subconsciente ocorre por emoções e formas, e é por isso que a aprendizagem eficaz envolve aquilo que amamos.

**3. A exposição social ajuda as crianças a aprender.**

Você já percebeu como as crianças aceleram a fala quando entram na pré-escola? Essa exposição social permite que elas compartilhem conhecimento e aprendam comportamentos umas com as outras. Essa é a teoria cognitiva social do Dr. Albert Bandura, professor da Universidade de Stanford, que discutiremos nos próximos capítulos. As crianças evoluem mais rapidamente quando estão em uma comunidade de aprendizagem com idades, habilidades e interesses diferentes.[31]

**4. Os estudantes devem ter controle sobre seus próprios processos de aprendizagem.**

Pesquisadores de pedagogia vêm explorando novas metodologias de ensino há décadas. Alguns são mais proeminentes do que outros, mas todos incluem a influência do "tutor" no processo: a aprendizagem baseada em projetos permite que os estudantes descubram suas paixões por meio de experiências individuais e em grupo. A aprendizagem personalizada alinha a experiência de aprendizagem do estudante às suas paixões. A aprendizagem baseada em competências estimula o desenvolvimento das habilidades necessárias. A aprendizagem autônoma permite que os estudantes aprendam as práticas que utilizarão pelo resto da vida.

Quando aprendemos a tomar controle do processo de aprendizagem, podemos ajustar e controlar qualquer situação. Uma mentalidade de crescimento foca o processo, enquanto uma mentalidade fixa foca o resultado. A prática deliberada do processo de aprendizagem desenvolverá as habilidades cognitivas, socioemocionais e pessoais. Leia mais sobre isso no Capítulo 9.

5. **Estudantes precisam de uma prática contínua de metacognição—pensar sobre como eles mesmos pensam.**

Ensinar as crianças sobre a habilidade da metacognição leva à autoavaliação de seus progressos em cada etapa do processo de aprendizagem. Isso cria autoconsciência de suas ações, do esforço feito em uma tarefa, da qualidade de seus trabalhos e do alinhamento de seus trabalhos com suas paixões. Quando utilizam a metacognição como parte do processo de aprendizagem, os estudantes entendem do que são capazes e quanto podem melhorar. Eles refinam a sensibilidade própria ao observar em que pontos ainda precisam trabalhar. A metacognição desenvolve a resiliência, a autoestima, o pensamento divergente e muito mais.[31] Bandura chama esse processo de domínio guiado, no qual os professores dão suporte para que os estudantes alterem crenças sobre o que podem realizar—um passo pequeno e controlável por vez.

Neste capítulo, já discutimos que cada invenção, produto, projeto, obra de arte ou de música, líder de destaque, atleta, livro ou filme se iniciou na mente de *uma* pessoa. Você pode ser essa pessoa quando começa a imaginar a escola em que as crianças desenvolvem confiança criativa, florescem como seres humanos saudáveis, são motivadas a realizar seus sonhos e se sentem confiantes de que têm as habilidades para isso. Por que não?

O futuro reserva o papel da criação para nós, então tratemos de aceitá-lo. Vamos juntar forças e equipar os estudantes para que floresçam em seus gênios inatos ao longo de toda a vida. Você e eu podemos muni-los com as ferramentas para que tenham sucesso. E o sucesso deles é o nosso sucesso como indivíduos e como nação.

# ENTENDENDO A INTELIGÊNCIA

"Você tem que vencer na sua mente
antes de vencer na sua vida"

~JOHN ADDISON

"Eu não entendo. Logo que nos casamos, você preparava um café igual ao da minha mãe. Agora, tudo o que você quer é apertar botões!", disse George Jetson à sua esposa, Jane Jetson, em um episódio do desenho animado futurista *Os Jetsons*.[32] Se você já for adulto, vai se lembrar de ter assistido a ele na TV. George queria que sua esposa preparasse a refeição em vez de usar a nova máquina de café da manhã. Frustrado, ele sai da sala em uma esteira rolante enquanto Jane começa o serviço doméstico apertando botões para que os robôs lavem e passem a roupa e façam a faxina, enquanto ela relaxa no conforto de sua poltrona flutuante. Nesse futuro imaginário, as máquinas fazem tudo por nós, deixando uma quantidade considerável de tempo livre para nos dedicarmos a outras coisas. No caso de Jane, isso significava poder aproveitar suas obsessões: moda e novos aparelhos. Já chegamos ao futuro?

Usamos a tecnologia na maioria das áreas de nossas vidas. Pense em uma viagem, por exemplo. Você tem pleno acesso a tudo no seu celular: seu cartão de embarque, filmes para ver no avião, uma mensagem de texto com a localização do seu carro alugado, a chave digital do seu quarto de hotel, a possibilidade de pedir comida em um restaurante nas proximidades. Quando você os utiliza, esses aplicativos estão aprendendo sobre as suas preferências, gravando dados que podem ser analisados a qualquer momento para lhe oferecer itens e serviços que você provavelmente gostaria de consumir.

Quanto mais você interage com aplicativos, mais eles aprendem sobre você. Com dados suficientes, os aplicativos podem prever os produtos e serviços que melhor lhe servirão, onde quer que você esteja. Essa análise de dados baseada na interação é chamada de inteligência artificial (IA). Seus desenvolvedores esperam que ela substitua o vendedor na loja de calçados, o gerente da livraria e, talvez, até o *sommelier* de um restaurante chique. Você, por outro lado, não vai mais ser atormentado por propagandas, pois, na verdade, gosta do que lhe é oferecido.

A IA é uma parte do seu cotidiano. Desde o cartão do clube de supermercado local até as propagandas no seu navegador, você está compartilhando preferências pessoais em troca de valor, como descontos ou serviços gratuitos. É o novo normal, e você gosta dele! Pense no YouTube: você assiste a um vídeo e, como mágica, a coluna da direita é preenchida com dezenas de outros vídeos sobre o mesmo assunto. E a Netflix? Você já percebeu que o mesmo filme é apresentado a você com cenas diferentes? Ela está explorando as suas preferências, aprendendo sobre qual imagem mais chama a sua atenção e faz com que você clique nela. Coincidência? Não, é IA.

Na educação, alguns podem achar que a aplicabilidade da IA é substituir os professores na sala de aula. De fato, há muitas empresas testando exatamente esse conceito. Outras estão utilizando a IA em seus aplicativos para personalizar o conteúdo de acordo com os pontos fracos dos estudantes ou para montar uma *"playlist* de aprendizado", chamada de aprendizagem adaptativa. No entanto, até hoje, há pouca ou nenhuma evidência de que a IA seja eficaz na educação. Com a aprendizagem adaptativa, que faz o maior uso da IA atualmente, os estudantes podem se lembrar de algo para uma prova, mas não há garantia de que realmente aprendam uma nova habilidade ou o conteúdo que será útil para eles.

Nos capítulos anteriores, discuti o gênio interior dos seus estudantes e como você pode ser o catalisador para que eles realizem seus potenciais. Discuti, também, a importância das escolas nesse processo. Agora, com o papel crescente da tecnologia em nossas vidas, como podemos fazer uso da IA para realmente beneficiar os estudantes? Primeiro, precisamos entender como a inteligência biológica (IB) e a inteligência artificial funcionam; depois, como elas interagem.

## ~ INTELIGÊNCIA BIOLÓGICA ~

Nosso cérebro é o órgão mais complexo de se entender. Ainda existe muita coisa a ser descoberta! Agora, me acompanhe enquanto mergulhamos em biologia cerebral, o que ajudará você a entender um pouco da ciência por trás de um novo sistema de aprendizagem.

Para os fins deste livro, simplificaremos o cérebro em quatro partes principais:

- **Córtex pré-frontal**: responsável pelo conhecimento e consciência subjetiva;

- **Mesencéfalo**: encarregado das emoções, hábitos e mente subconsciente;

- **Cerebelo**: onde residem nossas memórias e consciência objetiva; e

- **Tronco cerebral**: responsável pela comunicação entre o cérebro e o corpo.

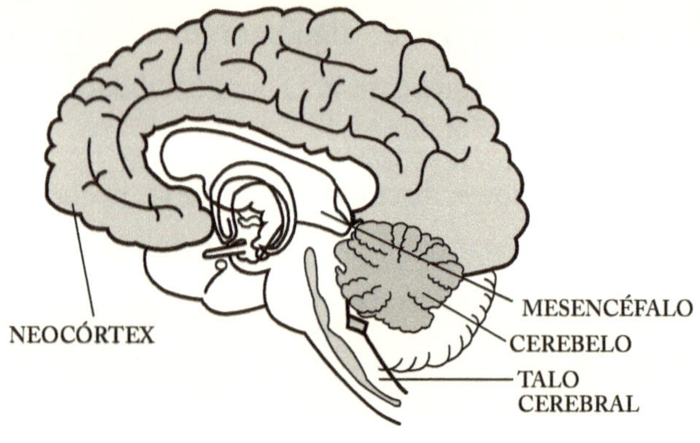


**Figura 5.1. As quatro principais partes do cérebro**

O cérebro tem 100 bilhões de neurônios trabalhando em sincronia para dar vida à nossa realidade. É como a melodia da canção mais linda que você já ouviu. Cada neurônio tem dendritos (extremidades da cabeça), um axônio (corpo) e terminais do axônio (extremidade inferior). No nível celular, quando aprendemos algo novo que nos interessa, os neurônios são "excitados" e conectam os seus terminais do axônio aos dendritos de outros neurônios por meio de conexões sinápticas, que são "coladas" por neurotransmissores como a dopamina, a serotonina e a norepinefrina. Os neurotransmissores são responsáveis por "excitar" os neurônios. Quanto mais forte a excitação de um neurônio, mais "forte" será a conexão com outros neurônios.

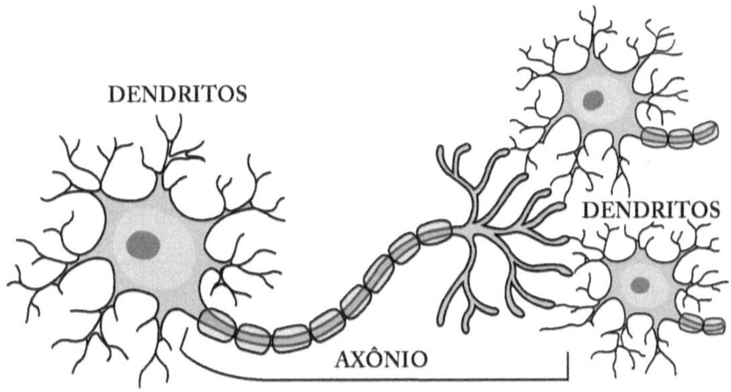


Figura 5.2. Conexão neuronal

Já foram identificados mais de 60 tipos de neurotransmissores—ou colas—, divididos em excitatórios, inibitórios ou ambos. Enquanto neurotransmissores excitatórios aumentam a atividade do neurônio depois da conexão sináptica; os inibitórios a diminuem. Embora os neurotransmissores sejam classificados dentro de seis tipos, focaremos somente os três associados à aprendizagem: monoaminas, peptídeos e aminoácidos.

**Monoaminas** incluem quatro neurotransmissores críticos:

1. A **epinefrina, ou adrenalina** (excitatória e inibitória), é tanto um neurotransmissor quanto um hormônio e responsável por excitação ou estresse. O corpo só consegue lidar com poucas horas nesses estados. Epinefrina em excesso pode causar ansiedade, e sua falta pode levar à depressão.

2. A **norepinefrina** (excitatória e inibitória) é o neurotransmissor associado à resposta de "lutar ou fugir", uma reação de alerta ao perigo ou estresse. Respectivamente, o excesso e a falta de norepinefrina têm os mesmos efeitos da epinefrina.

3. A **dopamina** (inibitória) coordena os movimentos do corpo e as sensações de prazer, como recompensa, motivação e atenção.

4. A **serotonina** (excitatória) regula e modula os estados emocionais, o sono, a ansiedade, a sexualidade e o apetite. A falta da serotonina pode causar ansiedade, e o excesso dela pode ser visto em pessoas com autismo. Drogas antidepressivas restauram os níveis de serotonina no cérebro, melhorando o humor e reduzindo a sensação de ansiedade.

**Peptídeos** incluem dois neurotransmissores:

1. A **oxitocina** é um hormônio e um neurotransmissor associado ao reconhecimento social, ligação afetiva e atração sexual. Geralmente é chamada de "hormônio do amor".

2. **Endorfinas** promovem a sensação de euforia e emoções positivas, além de inibir sinais de dor. Tanto excitatórias quanto inibitórias, elas respondem a dor, estresse, medo, prazer, exercício físico, meditação e outros estímulos. A falta de endorfinas pode criar ou ampliar a dor, a depressão, a ansiedade, o mau humor, problemas para dormir e outras questões. O excesso pode gerar um estado artificial de "leveza". Endorfinas exercem um papel em tudo, desde vícios e diabetes até o envelhecimento do cérebro.

Por fim, os **aminoácidos** incluem dois neurotransmissores:

1. O **ácido gama-aminobutírico (GABA)** (inibitório) regula a visão, o controle motor e a ansiedade. Ele ajuda a compensar mensagens excitatórias e regula os ciclos diários de sono e alerta. Drogas

controladas para ansiedade aumentam a eficiência do GABA, causando sensações de relaxamento e calma.

2. O **glutamato** (excitatório) exerce um papel vital nas funções cognitivas, como a memória e a aprendizagem. Há mais glutamato no sistema nervoso do que qualquer outro neurotransmissor, o que significa que estamos aprendendo continuamente!

A aprendizagem efetiva começa no nosso lobo frontal direito, no córtex pré-frontal. Nosso entendimento desse novo conhecimento conecta neurônios, seja ao expandir uma rede neuronal existente ou ao formar uma nova. Então, devemos praticar o novo conhecimento para reforçar as conexões sinápticas. Quanto mais empolgados estivermos com relação ao aprendizado, mais fortes serão essas conexões. Quanto mais praticarmos a nova habilidade, maiores serão as chances de que ela se torne um hábito. Essa nova "habilidade" é, então, armazenada no mesencéfalo ou cerebelo para uso posterior.[33]

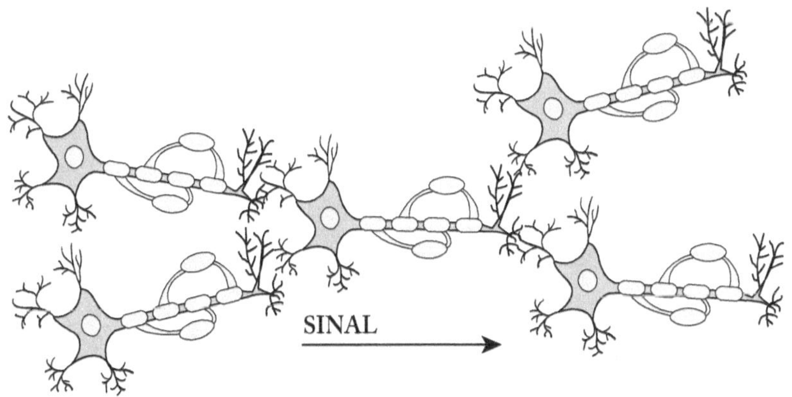



Figura 5.3. Uma rede neuronal

Por meio de pesquisas extensivas, o Dr. Donald Hebb, frequentemente considerado o "pai da neurociência", descobriu que aprendemos mais rapidamente quando associamos novos conhecimentos a conhecimentos preexistentes. Isso significa conectar neurônios a redes neuronais já existentes em nossos cérebros. Por isso, escreveu Hebb, "células que disparam juntas permanecerão conectadas".[34] Por exemplo, se você quer aprender a esquiar, seu instrutor pode lhe ensinar que, para parar, é preciso que alinhe seus esquis na diagonal, como uma fatia de pizza; e que, quando quiser se mover, deve deixá-los paralelos, como se fossem batatas fritas. Ao associar o conceito de esquiar à geometria da comida, você será capaz de parar e de seguir ao se lembrar de pizzas e batatas fritas! A prática reforçará sua rede neuronal para esquiar, e, cedo ou tarde, essa ação será algo natural para você, uma habilidade armazenada no seu cerebelo que você poderá utilizar sempre que quiser "ativar" essa sequência específica de redes neuronais.

Podemos usar esse conhecimento sobre o sistema de aprendizagem do cérebro para beneficiar estudantes ao criar roteiros de estudo em quatro etapas. Essas etapas se aproveitam da forma como os neurônios se conectam uns aos outros. A prática contínua desse processo ao longo dos anos de escola permite que os estudantes aprendam qualquer coisa que quiserem durante suas vidas.

Os quatro estágios de aprendizagem:

1. **Explorar** conhecimentos anteriores que se conectem ao novo conhecimento e entender a finalidade e o valor do que está sendo aprendido. "Células que disparam juntas permanecerão conectadas";

2. **Pesquisar** novos conhecimentos, para entender plenamente seus conceitos;

3. **Praticar** novos conhecimentos, a fim de reforçar as conexões sinápticas, utilizando exercícios, textos, trabalho em equipe, projetos, jogos ou outros tipos de atividades; e

4. **Relacionar** o novo conhecimento à própria vida, descobrindo sua aplicação prática ao responder à pergunta: "Como eu posso usar o que aprendi?". Mais cedo ou mais tarde, isso se tornará uma habilidade ou um hábito.

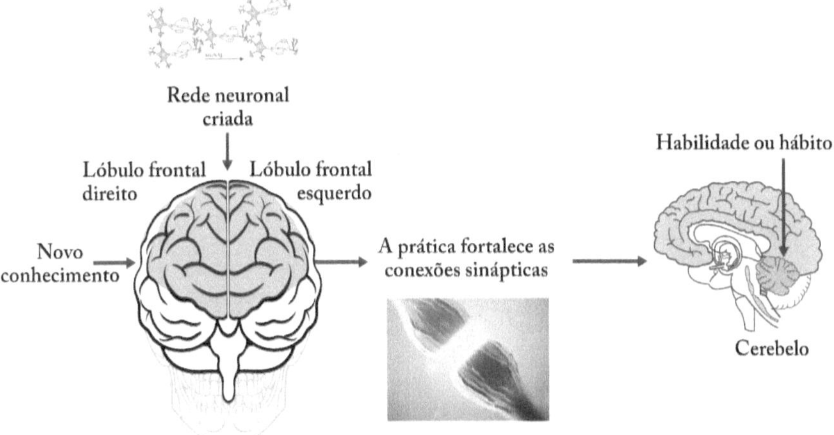


**Figura 5.4. Como a aprendizagem acontece**

Você pode acessar amostras de roteiros que utilizam essas quatro etapas de aprendizagem em nosso site: www.ProfessordoEinstein.com. Aprofundaremos esse conceito nos Capítulos 9 e 10.

## ~ INTELIGÊNCIA ARTIFICIAL ~

George Boole (1815–1864) teve somente a educação formal do ensino básico. Ele foi forçado a largar a escola quando os negócios de seu pai começaram a decair. Seu pai era um amante da ciência e educou o pequeno Boole em casa com tudo que sabia. Porém, o que ele mais aprendeu com seu pai foi a ser curioso, fazer perguntas e procurar respostas. Os amigos de seu pai o ajudaram ao lhe emprestar livros, e um deles até lhe ensinou latim. Mais tarde, ele mesmo aprendeu outras quatro línguas por conta própria e, aos 12 anos, publicou a tradução de um poema grego no jornal local. Muitos o chamaram de impostor, pois não podiam acreditar que um garoto britânico falasse grego nessa idade.

Aos 16, Boole era o principal provedor de seus pais e de três irmãos mais novos, trabalhando como professor-assistente em uma escola local em Lincoln, Inglaterra. A matemática continuava a intrigá-lo. Quanto mais aprendia, mais curioso ficava. Enquanto trabalhava em um internato, ele publicou seu primeiro artigo, *On the origin, progress, and tendencies of Polytheism, especially amongst the ancient Egyptians and Persians, and in modern India* (*Sobre a origem, progresso e tendências do politeísmo, especialmente entre os antigos egípcios e persas, e na Índia moderna*, sem tradução para o português), em 30 de novembro de 1841. Foi o início de uma carreira brilhante. Seu último trabalho lhe deu o primeiro prêmio de matemática da história da Royal Society, da qual se tornou membro em 1857, além de títulos honorários das universidades de Dublin e Oxford.

O primeiro livro de Boole, *As Leis do Pensamento* (1854), estabeleceu as teorias matemáticas da lógica e das probabilidades, além de ter proposto que nosso pensamento funciona pela lógica. Ele tinha interesse em como as pessoas vivem, trabalham e pensam e traduziu isso em regras e conceitos matemáticos simples. Das aulas de matemática na escola, talvez você se lembre de estudar álgebra booleana, ou lógica booleana, nas quais o valor das variáveis é sempre verdadeiro (1) ou falso (0). Ele nem imaginava como suas teorias seriam utilizadas nos séculos seguintes!

George Boole criou as bases da tecnologia da informação. Sem seu trabalho, não haveria computadores ou telefones móveis como os conhecemos hoje. O Dr. Claude Shannon (1916–2001), matemático e engenheiro eletricista norte-americano, e o Dr. Victor Shestakov (1907–1987), teórico e lógico russo da engenharia elétrica, propuseram, em 1938 e 1941, respectivamente, o desenho do circuito digital utilizando a lógica de Boole. Essa foi a base teórica da era da informação. Não existe nada em tecnologia ou linguagem de programação que não utilize a lógica booleana. Um simples chip feito de silício e fios pode realizar muitas tarefas que, antes, exigiam o pensamento humano. Embora Boole tenha morrido de pneumonia aos 49 anos, ele viveu tempo suficiente para se tornar o avô da inteligência artificial.

Cientistas da IBM, da Universidade Carnegie Mellon e do Instituto de Tecnologia de Massachusetts (MIT) criaram o termo "inteligência artificial" em 1956. É a "capacidade" que computadores têm de imitar as funções cognitivas humanas, especialmente a solução de problemas. A IA não pensa. Ela só usa algoritmos para analisar dados e sugerir caminhos lógicos. Algoritmos são procedimentos com um número finito de etapas e, frequentemente, repetem uma operação específica utilizando dados, como quem segue uma receita para fazer um bolo. Os dados são os ingredientes, e o algoritmo é a receita. Portanto, a IA nos ajuda com tarefas repetitivas, melhorando a nossa eficiência ao economizar muitas etapas no processo. Quanto maior a quantidade de dados disponíveis para a IA, mais preciso será o algoritmo.

Em 2015, Nigel Richards venceu o Campeonato Mundial de *Scrabble* em Francês (semelhante a palavras cruzadas).[35] Da Nova Zelândia, Nigel não fala francês e tem pouca ou nenhuma capacidade de ler um livro no idioma. O que ele fez foi memorizar o dicionário de francês com o único objetivo de jogar *Scrabble,* e isso faz dele uma versão humana e viva da IA! Assim como jogar *Scrabble,* qualquer trabalho que possa ser realizado por um algoritmo ou por uma sequência de etapas pode ser substituído pela inteligência artificial.

Há quatro conceitos básicos para se entender a IA:

I. ***Big Data***: Pense em um "*Big Brother*" observando suas preferências e anotando tudo o que você escolhe. Os dados são organizados em conjuntos de dados (*datasets*) para uso posterior.

2. *Machine Learning* (**Aprendizagem das Máquinas**): Dados são coletados para gerar aprendizado sobre as suas preferências ou sugerir coisas relacionadas. Por exemplo, quando você busca "inteligência artificial" no Google, os resultados incluirão artigos sobre tecnologia, pesquisas, cursos, notícias e a definição de IA. Todos esses tópicos estão relacionados à IA.

3. **Redes Neuronais:** Algoritmos utilizam uma quantidade significativa de dados gerados a partir de diversas interações entre você e diferentes aplicativos. Usando o exemplo anterior, o Google lhe mostrará o que outras pessoas inserem quando buscam por "inteligência artificial". Ligadas por uma quantidade mais substancial de dados, as redes neuronais da IA são essa combinação de interesses. E sim, o termo "redes neuronais" deriva das redes neuronais dos nossos cérebros. Outro exemplo de uma rede neuronal em operação é a seção "Clientes que compraram isto também compraram . . .", na Amazon.com. Você já teve a curiosidade de clicar em uma dessas sugestões? A IA ajudou você a chegar lá!

4. **Redes Neuronais Profundas, ou** *Deep Learning* (Aprendizagem Profunda): Utilizam redes neuronais com muitas camadas para montar algoritmos que realizem tarefas por conta própria com base em vastos conjuntos de dados. Para ver essas redes neuronais profundas, acesse suas fotos no Facebook, e a rede vai lhe perguntar se você quer marcar seu rosto ou lhe pedir que marque um amigo pelo nome, independentemente de a foto ser recente ou de vinte anos atrás. O reconhecimento facial, ou o diagnóstico do câncer de pâncreas, são exemplos da aprendizagem profunda.

## ~ POR QUE A IA REQUER QUE CRIEMOS HÁBITOS? ~

O Dr. Larry R. Squire, professor de psiquiatria, neurociências e psicologia na Universidade da Califórnia, em San Diego, liderou pesquisas significativas sobre a memória e os hábitos. Squire e sua equipe estudaram por 14 anos o paciente Eugene Pauly, que havia perdido parte de suas funções cerebrais devido a uma encefalite viral. Eugene não conseguia se lembrar de fatos e eventos ocorridos recentemente ou mesmo apenas alguns minutos antes, mas tinha uma memória nítida de sua vida até os 25 anos de idade. Ele não sabia explicar como ir do quarto até a cozinha de sua casa, embora pudesse andar até lá e pegar alguma coisa para comer sempre que tinha fome. Ele também não sabia seu próprio endereço e nem podia descrever como chegar até sua casa. No entanto, depois que sua esposa o acompanhou por algumas vezes em uma caminhada matinal pela vizinhança, ele passou a ser capaz de caminhar sozinho e voltar para casa sem nunca se perder.

A equipe de Squire concluiu que, embora possa estar com alguma parte inoperante, o cérebro ainda desenvolve hábitos. Eles basearam suas conclusões no trabalho de pesquisadores do MIT que estudavam como os hábitos se formam. Estes pesquisadores implantaram minúsculos sensores em cérebros de ratos para observar pequenas mudanças neles. Durante o experimento, os pesquisadores colocavam um pedaço de chocolate em uma extremidade de um labirinto. Um ruído alto soava, seguido pela abertura de uma porta para o labirinto. Com a porta aberta, os ratos vagavam por um tempo fazendo exatamente o que ratos fazem: cheirar tudo para encontrar a próxima coisa que lhes interesse. Mais cedo ou mais tarde, eles encontravam o chocolate. Os pesquisadores observaram alta atividade no córtex pré-frontal e no mesencéfalo durante o processo de "descoberta". Com uma semana, quando aprendiam onde o chocolate estava, os ratos navegavam pelo labirinto diretamente para a recompensa assim que o ruído soava e a porta se abria, sem errar nenhuma curva. Seus cérebros demonstraram uma redução na atividade mental, e eles sabiam exatamente como encontrar o chocolate.

Essa é a receita para se formar um hábito. Primeiro, um sinal ativa nossos cérebros sobre qual hábito utilizar. Depois, existe uma ação, seja ela emocional ou física. Por fim, vem uma recompensa, que diz aos nossos cérebros se vale a pena "gravar" esse hábito para o futuro. Sempre que Eugene sentia fome (sinal), ele ia até a cozinha (ação) e pegava algo para comer (recompensa). Na experiência do labirinto, sempre que um ruído era ouvido (sinal), os ratos iam para o labirinto (ação) para comer o chocolate (recompensa). Já que a comida costuma ser uma ótima recompensa (ainda mais quando é chocolate!), seus cérebros gravaram as ações. A prática contínua transforma essas ações em hábitos, que são armazenados na nossa mente subconsciente e acessados sempre que precisamos deles.

É ótimo ter hábitos. Caso contrário, nossos cérebros ficariam loucos na tentativa de elaborar as ações novamente, todas as vezes. Imagine se você tivesse que aprender a andar de bicicleta cada vez que quisesse pedalar! Para conter todos os neurônios necessários para funcionar assim, nossos cérebros teriam que ser enormes. A nossa mente subconsciente registra alguns hábitos para sempre, como andar de bicicleta. É por isso que você, provavelmente, nunca se esquecerá de como pedalar, mesmo que fique anos sem praticar essa habilidade.

A má notícia é que os nossos cérebros não distinguem os bons hábitos dos maus hábitos; são todos a mesma coisa. Os hábitos estão ali, só esperando pelo sinal. A boa notícia é que, quando esse sinal vem, os humanos podem aprender a agir (e decidir fazê-lo) por meio da atenção consciente. Por isso, nossos cérebros têm a capacidade de, pelo autoconhecimento, identificar e distinguir entre bons e maus hábitos. Podemos, então, trabalhar para manter as posturas que nos fazem bem. Essa "habilidade de adaptar o comportamento de forma flexível frente a circunstâncias que se alteram rapidamente e tomar as decisões que melhor sirvam para os interesses de longo prazo, em vez de recompensas mais imediatas"[36] é chamada de controle cognitivo. Em outras palavras, trata-se da ativação e do uso deliberados do córtex pré-frontal. Para alterar hábitos ruins, devemos identificar o sinal, modificar a ação, garantir que a recompensa pelo novo hábito seja um incentivo suficiente para criar a conexão neuronal e nos assegurar de que a recompensa continue ocorrendo.[37]

Como a inteligência biológica (IB), a IA também estimula neurotransmissores responsáveis por reforçar as conexões das redes neuronais do nosso cérebro. Basta ver como Google, Facebook, LinkedIn, Pinterest, Amazon e Twitter personalizam a sua experiência para estimular a liberação de dopamina, o que gera uma sensação de satisfação ou prazer. Isso captura a sua atenção, levando à liberação de mais dopamina, bem como de epinefrina.

Essa combinação de neurotransmissores faz com que você se sinta bem. A novidade constante ao clicar em algo aumenta os níveis de dopamina, e o cérebro gosta disso! Consequentemente, ele colocará seu foco em recriar essa experiência valiosa, em busca da maior recompensa de dopamina. Você fica "viciado" nessa combinação de neurotransmissores, o que faz com que sinta "desejo" por essa sensação. As doses contínuas desses agentes químicos geram comportamentos que, aos poucos, se tornam hábitos impregnados nos nossos cérebros.

Se esses aplicativos sequestraram a sua atenção, você foi "hackeado" e, agora, é dependente e passível de manipulação, tendo pouco controle cognitivo sobre isso. A novidade constante de um clique ou o som de uma notificação no seu celular aumentam os níveis de dopamina; assim, transformam a sua atividade nas redes sociais em um hábito e roubam o controle do seu tempo. Você acredita mais no que lê nesses aplicativos do que no que vê no telejornal. É provável que compre coisas oferecidas por eles, e se distrai no meio de uma reunião importante porque o seu telefone vibrou. Então, é possível que o narcisismo nasça e leve você a medir seu valor pela quantidade de *likes* que tem no Facebook ou pelo número de vezes que o seu telefone vibra com novas notificações ao longo do dia.

Quem precisa de bombas químicas ou nucleares quando os inimigos podem brincar com a sua química cerebral? Estamos mais vulneráveis à IA do que nunca. Isso soa como uma história de terror, em que a IA pode dominar o mundo. Essa é, de fato, uma possibilidade, a menos que estejamos atentos a esse efeito e entendamos como combatê-lo. A única maneira de sermos pessoas não hackeáveis (ou não sequestráveis), alguém que não pode ser ingenuamente manipulado pela IA, é utilizarmos o controle cognitivo.

Aqui vai um exemplo de como eu faço o controle cognitivo: uso a tecnologia o tempo todo para me comunicar com pessoas ao redor do mundo. Toda hora recebo e-mails, conversas da minha equipe e mensagens de redes sociais. Se eu permitir que o meu cérebro funcione em modo automático, vou verificar mensagens a cada dois minutos, mesmo sem pensar. Como tenho consciência dessa dinâmica, tomo a decisão consciente de desligar meu telefone às oito da noite. Isso é controle cognitivo.

**Figura 5.5. Quando a IA cria um hábito**

Criar um hábito é ótimo. Mas ele deve ser um hábito positivo. Para fazer com que as mentes dos estudantes não sejam hackeáveis, precisamos ajudá-los a desenvolver a autonomia de aprendizagem. Entender e aplicar o conhecimento melhora o controle cognitivo, o que permite aos estudantes pensar, escolher, incorporar as habilidades certas para suas vidas e, consequentemente, tomar decisões sábias agora e no futuro.[38]

Por exemplo, se você desenvolver o hábito de "aplicar conhecimentos anteriores a situações novas", será capaz de fazer conexões melhores a partir do que já sabe; se tiver que se dedicar a "pensar de modo flexível", poderá começar a entender o conteúdo do que está aprendendo apoiado em diversos pontos de vista. Esses são dois dos 16 "Hábitos da Mente", um conjunto de habilidades de solução de problemas e relacionadas à vida desenvolvido pelo Dr. Arthur L. Costa e pela Dra. Bena Kallick.[39] A pesquisa deles demonstrou que esses hábitos, com base mais na intenção do que no comportamento, desenvolvem os músculos mentais e a autonomia dos estudantes—dois aspectos vitais no mundo desconhecido que a IA introduz.

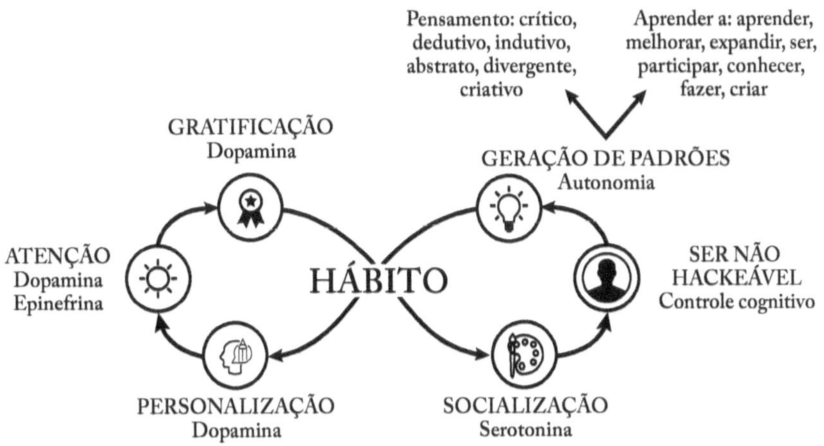


Figura 5.6. Quando os estudantes desenvolvem a autonomia

A dopamina, principal neurotransmissor que a IA dispara em nossos cérebros, não trata de prazer, e sim da antecipação da recompensa. Quanto menos dopamina uma atividade produz, menor é a motivação para se envolver nela. O cérebro dedica seu foco a atividades que levam às maiores recompensas de dopamina. É por isso que, quando a aula é chata, seus estudantes querem jogar no celular. Com a prática do controle cognitivo, treinamos o cérebro a criar dopamina suficiente para reforçar a experiência valiosa de hábitos não hackeáveis. Somente quando vivenciamos e aproveitamos os resultados dos bons hábitos é que podemos entender o quanto eles são melhores. Então, condicionamos o nosso cérebro a mantê-los.

Já trabalhamos com milhares de estudantes cujos professores e pais fizeram comentários sobre o quanto o comportamento deles mudou depois que começaram a usar Educação Relacional na escola. Brian, por exemplo, foi diagnosticado com TDAH e dislexia com apenas 6 anos de idade. Ele era uma criança muito "ativa", e sua mãe se recusava a medicá-lo, apesar de o médico ter dito que essa seria a única maneira de ajudá-lo a frequentar a escola. Ela também estava preocupada com o futuro do filho: o que seria dele se não pudesse ler ou aprender?

Quando começamos a trabalhar na escola do Brian, ele estava no segundo ano. Por meio do desenvolvimento profissional, seus professores aprenderam a nutrir as habilidades cognitivas e socioemocionais dele com um único processo (detalhado nos Capítulos 9 e 10), utilizando a Educação Relacional. Brian aprendeu a observar a si mesmo e a descobrir seus talentos pessoais. Ele aprendeu a comunicar seus talentos aos seus professores e, com a ajuda deles, aprimorar as habilidades que tinha. A cada etapa do processo, seu cérebro se inundava de neurotransmissores gratificantes quando ele alcançava seus objetivos. Isso o motivou a aprender. Biologicamente falando, o Brian recebeu um reforço contínuo de sua capacidade de realizar atividades—as quais, segundo o médico, eram impossíveis para ele. Esse reforço era exatamente aquilo de que ele precisava para se tornar um estudante automotivado e que despende o esforço necessário.

Dois anos depois, a mãe de Brian nos disse que já não precisava implorar que ele fizesse os trabalhos da escola. Ele chegava em casa com tudo pronto! Recentemente, em um concurso de leitura de que participou, ele teve um desempenho muito melhor do que tinha antes. Além disso, tem a iniciativa de ajudar sua mãe nas tarefas domésticas. Ele ainda tem TDAH e dislexia, mas a autoconsciência que desenvolveu e praticou na escola permite que ele saiba quando pode aprender e quando precisa de uma pausa. Hoje, é um jovem adolescente feliz e com controle cognitivo desenvolvido!

## – APLICANDO A IA NA EDUCAÇÃO –

Embora a IA possa condicionar hábitos ruins, ela também tem muitas aplicações práticas e positivas na educação:

1. **Transformar a aprendizagem em uma experiência pessoal, com base nas preferências dos estudantes.** A IA pode criar caminhos de aprendizagem de acordo com as preferências individuais dos estudantes, aumentando, assim, seu envolvimento e interesse em aprender. A IA pode criar uma cultura de aprendizagem do tipo *self-service*, de escolha. Ela pode destacar aquilo em que os estudantes são bons e como eles podem se aprimorar. Essa experiência pessoal, potencializada pela IA, pode substituir o foco atual nas áreas de melhora dos estudantes por um foco em suas áreas de preferência, dando a cada um deles a oportunidade de crescer a partir de onde se destacam, ou seja, de expandir o conhecimento desde um ponto de referência pessoal. Quanto mais

trabalharmos em algo que amamos, mais estaremos motivados e, portanto, maior será a nossa chance de ter sucesso na vida.

2. **Organizar o conteúdo em conhecimento útil.** Em nosso mundo conectado, os estudantes interagem com vários aplicativos usando sua identidade pessoal. A IA utiliza dados sobre a experiência de vida para combinar conteúdos e apresentá-los aos estudantes como sua referência inicial, algo como um curador de conteúdo particular. Isso torna a aprendizagem por associação mais fácil, levando a novas conexões neuronais por meio da dopamina, o que, por sua vez, desperta a curiosidade de explorar mais. Esse conteúdo organizado faz com que os estudantes tomem decisões melhores e com aplicação imediata em suas vidas práticas. A aplicabilidade em tempo real transforma a aprendizagem de assuntos isolados em um recurso útil, que eles podem usar para melhorar suas escolhas e entender com mais clareza as soluções para suas vidas hoje. Os estudantes devem encontrar significado e valor naquilo que aprendem.

3. **A nova experiência de aprendizagem substitui hábitos repetíveis e estimula a criação.** A educação não é mais a regurgitação de conteúdo. Com o advento da IA, o que realiza a tarefa repetitiva de regurgitação são os algoritmos. A educação pode se concentrar na forma que os estudantes têm de usar o conhecimento para criar e recriar o mundo ao seu redor. A criação tem a oportunidade de deslocar a procrastinação, à medida que a dopamina empolga os estudantes e fortalece as conexões neuronais por meio do uso prático do novo conhecimento. Não há falta de atenção, pois a aprendizagem é construída em torno do que os estudantes gostam de fazer, criando possibilidades a partir de suas escolhas.

Se houver uma área que os estudantes não estejam interessados em explorar, eles encontrarão "especialistas"—que podem ser seus colegas, não necessariamente adultos.

4. **A IA permite que a educação mude das métricas centradas no sistema para métricas centradas no estudante.** Tempo de aula, taxas de evasão, notas e médias gerais não importam no mundo da IA! Afinal, não são essas as métricas de uma fábrica? Devemos pensar em aumentar a inteligência biológica, um processo no qual os estudantes constroem conhecimento, práticas e novas habilidades alinhados com seus potenciais. Imagine um mundo no qual os estudantes escolham diferentes caminhos de aprendizagem com base em seus interesses e decisões. Cada caminho dará a eles uma "microcredencial", que é um selo de especialização em uma área específica. Esse reconhecimento da melhora em uma área que eles amam aumentará os níveis de dopamina e serotonina no cérebro, fortalecendo ainda mais as redes neuronais. Cada estudante pode ganhar uma combinação de microcredenciais, a qual lhes permitirá fazer contribuições únicas para o mundo e, por causa disso, os tornará insubstituíveis. A experiência de aprendizagem é pessoal, assim como as métricas. Ao mesmo tempo, as avaliações externas precisarão ser substituídas em algum momento. Ainda que elas tenham nos servido bem até agora, precisamos avançar para a avaliação personalizada, em alinhamento com a educação personalizada. Exploraremos esse conceito com mais detalhes no Capítulo 8.

Como esse novo sistema educacional personalizado—que é pronto para a IA e impulsionado por ela—impactaria o ingresso dos estudantes no mercado de trabalho? Uma possibilidade é que ele facilite a contratação da pessoa certa. Imagine que você seja o editor-chefe do maior jornal do país. Ao contratar um novo jovem repórter, você pode ficar impressionado com uma alta média de notas, mas há coisas mais importantes, como a experiência do candidato, trabalhos anteriores relevantes, capacidade de cumprir prazos, estilo de redação e o endosso de terceiros.

E se você pudesse entrevistar candidatos que são apaixonados por literatura e que vêm escrevendo artigos ou ensaios desde os primeiros anos de escola? Se são necessárias 10.000 horas para se tornar um especialista em qualquer coisa, esses estudantes podem ter praticado 16.800 horas[40], tendo sido treinados por seus educadores durante a educação básica para ganhar experiência no que eles amam. Quem você contrataria? O jovem talento com altíssimas médias de nota ou o jovem especialista que compartilha com você um portfólio recheado de textos relevantes? As microcredenciais adquiridas pelo último estudante podem ser críticas, dedutivas, indutivas, abstratas, divergentes e repletas de pensamento criativo. Suas avaliações personalizadas podem demonstrar a capacidade de escrever artigos sobre diferentes assuntos, definir e cumprir metas, gerenciar bem o tempo e assim por diante.

Estamos em um ponto de inflexão na história, no qual podemos redirecionar o uso da IA na educação para o rumo certo. Para isso, devemos fazer as escolhas certas ao decidir quais tecnologias usar em nossas escolas. A aplicação adequada da IA desenvolve a autonomia de aprendizagem dos estudantes, personaliza seus processos de aprendizagem—em vez do conteúdo—e tem o objetivo final de desenvolver competências e hábitos mentais que farão parte das suas vidas para sempre. Devemos ignorar qualquer tecnologia que ofereça mais do mesmo, como a regurgitação de conteúdo, métricas antigas ou a aprendizagem sem autonomia.

Até agora, os estudantes tinham acesso a recursos disponíveis nas escolas e tecnologia com conteúdo vertical. A IA abre seus horizontes de conhecimento, estimula suas mentes a fazer mais perguntas e desperta o desejo de explorar o que eles não pensaram. Estamos continuamente criando o mundo ao nosso redor por meio da interpretação dos nossos pensamentos. Talvez a IA nos permita alcançar o próximo nível de inteligência e fazer perguntas que ainda não sabemos fazer, além de nos expor ao conhecimento que já existe, mas que ainda não foi descoberto. "Toda a criação espera com grande anseio por sua revelação pelos filhos dos homens." (Albert Einstein)[41]

## CAPÍTULO 6

# APRENDENDO NA ERA DA IA

"Em tempos de mudança, os estudantes
herdarão a terra, enquanto os instruídos se
encontrarão perfeitamente equipados para lidar
com um mundo que não existe mais"

–Eric Hoffer

O sistema educacional está pronto para preparar os estudantes para um mundo que funciona com base na IA?

Em 1965, o Dr. Gordon E. Moore publicou um artigo histórico intitulado *Cramming More Components on Integrated Circuits* (*Inserindo Mais Componentes em Circuitos Integrados*, sem tradução para o português). Ele viu um padrão no qual o número de transistores que caberiam em um chip dobrava a cada ano. Moore, então, extrapolou isso em um gráfico para os próximos 10 anos e previu que os chips de computador dobrariam de capacidade a cada dois anos. Essa previsão ficou conhecida como a Lei de Moore, uma estimativa vital que oferece uma boa ideia do que esperar da velocidade do hardware do computador e do telefone celular. Em 1967, Moore foi um dos fundadores da Intel, uma empresa que continua a liderar a inovação em chips de computador. Inclusive, é provável que o seu computador tenha um chip Intel.

Os dados e a capacidade de processamento são o núcleo da IA. Quanto mais dados houver e quanto maior for a capacidade de processá-los, mais rapidamente muitas informações poderão ser analisadas, deixando conhecimentos à sua disposição. Tive meu primeiro celular em 1996. Tanto o aparelho quanto o serviço eram muito caros, então limitei seu uso apenas para emergências e negócios. Naquela época, eu sabia de cor os números de todos da minha família, de parentes, dos meus amigos e dos meus clientes mais importantes. Avance algumas décadas. Agora, aparelhos e serviços móveis são extremamente acessíveis. Os telefones celulares fazem mais por nós do que poderíamos ter imaginado. Alguns afirmam que o celular controla suas vidas. Ele liga para as pessoas com quem queremos falar, sugere produtos que provavelmente compraríamos, localiza as músicas que desejamos, calcula distâncias, nos dá rotas e muito mais. Esse é o poder da IA em nossas mãos, e gostamos de viver assim, muito obrigada.

Um exemplo é a Siri, a tecnologia de reconhecimento de voz da Apple que usa uma interface com linguagem natural para ajudar o usuário nas tarefas diárias, como marcar uma reunião em sua agenda ou responder a perguntas. É preciso muito processamento de dados para identificar sua voz, interpretar o que você diz, pesquisar na internet e organizar os dados para apresentá-los a você. A Apple lançou a Siri em 2011. Sua melhoria ano após ano tem sido notável, pois esse sistema de IA "aprende" como as pessoas o usam, qual é a sua intenção ao usá-lo, como funcionam os diferentes sotaques e assim por diante. Para se tornar mais eficiente a cada dia, o sistema faz referências cruzadas de todos esses dados.

É um pouco desafiador para nós imaginar como será o mundo daqui a alguns anos, assim como era difícil acreditar, em 1800, que um humano poderia pisar na lua. Hoje, vivemos em uma época sem precedentes, na qual testemunhamos o uso da IA em todos os setores. Por enquanto, essa tecnologia tem nos servido bem, melhorando muitas áreas de nossas vidas. E até onde ainda podemos ir?

Podemos esperar que a IA evolua exponencialmente, à medida que o acúmulo de dados e a capacidade de processamento melhorarem e seus usos se expandirem. Você consegue dirigir para algum lugar desconhecido sem Waze ou Google Maps? Aposto que não. Agora, imagine como isso poderia se ampliar no futuro: enquanto você está a caminho de uma reunião, o Google Maps fornece ao seu carro autônomo rotas do ponto A ao B e sugere que você pare em uma loja de sucos naturais para o café da manhã. A IA do seu telefone sabe que você correu cinco quilômetros de manhã, saiu de casa sem comer e tem um humor previsto abaixo da média, porque se esqueceu do seu aniversário de casamento, o que acabou deixando sua esposa chateada. A IA também sabe que a combinação de ingredientes dessa loja de sucos é exatamente o que seu DNA precisa nesse momento para ter a quantidade certa de energia para sua próxima reunião, de acordo com os dados enviados pelo relógio no seu pulso. Quando você estaciona, o Google pede o seu suco e paga com o Google Pay antes mesmo de você entrar na loja, encurtando a sua parada a menos de um minuto. Ele também toca músicas para melhorar seu humor para a reunião. Essa IA conhece você melhor do que você mesmo e torna sua vida muito eficiente!

Os benefícios da IA estão além do que nossas mentes podem conceber hoje. Pense, por exemplo, em interfaces neuronais, que são dispositivos colocados dentro ou fora do cérebro e que interagem com o sistema nervoso. Eles já são usados para estimulação cerebral profunda (DBS, pela sua sigla em Inglês) em pacientes com Alzheimer, Parkinson e outros distúrbios de movimento. Pessoas surdas usam implantes cocleares acoplados ao cérebro para restaurar a audição. A estimulação transcraniana por corrente contínua (ETCC) é adotada para tratar a depressão, e a estimulação do nervo vago serve para tratar a epilepsia, a depressão e o vício. Os pesquisadores agora estão explorando interfaces neuronais para tratar dor, ansiedade e distúrbios autoimunes.

A estimulação de corrente alternada transcraniana de alta densidade (HD-tACS, pela sua sigla em Inglês) também está sendo experimentada. Os primeiros resultados em humanos demonstraram que ela aprimora as habilidades mentais e o estado de alerta e aumenta o desempenho em esportes de resistência, como o ciclismo. Imagine capacetes que melhorem nossas habilidades cognitivas, nos façam aprender mais rápido e lembrar mais, ampliem nossa inteligência emocional, nos motivem a fazer exercícios e comer bem ou nos permitam baixar um novo hábito, tudo conectado a uma única fonte: a internet. A interação do cérebro com a internet na velocidade do pensamento melhorará significativamente nosso poder cognitivo e talvez possibilite ampliar a criatividade a níveis exponenciais.

Você acha que tudo isso é loucura? Pense de novo. O empreendedor Bryan Johnson fundou a Kernel.co em 2016 para construir uma "interface mente—corpo—máquina não invasiva (MBMI, pela sua sigla em inglês) para melhorar, evoluir e estender a cognição humana". Ele tem como objetivo criar a próxima geração de tecnologias, que poderão ler e escrever diretamente do cérebro. Elon Musk, fundador da Tesla, pioneira em veículos elétricos, fundou a Neuralink no mesmo ano com o único objetivo de desenvolver "interfaces cérebro—máquina com banda larga ultra-alta para conectar humanos e computadores". Em 2018, a Universidade da Califórnia, Berkeley, apresentou o menor e mais eficiente implante cerebral do mundo, a "poeira neuronal", um minúsculo nódulo de sensor de 3 milímetros que ficará abaixo da dura-máter craniana.[42] Diferentemente dos dispositivos de estimulação cerebral anteriores, que exigiam conexões com fio, mesmo quando implantada no cérebro, a poeira neuronal é sem fio, eliminando a exposição a infecções. Sua conexão de ultrassom com o mundo externo permitirá que você compartilhe dados biométricos ao vivo diretamente de seu corpo e estimule os nervos conforme necessário.

Esses avanços na tecnologia são fascinantes, mas, ao mesmo tempo, podem nos levar a uma dependência excessiva das máquinas. Eles vão levantar questões sobre o que é ser humano ou se ainda temos capacidades cognitivas naturais. Além disso, criarão questões éticas relacionadas à nossa privacidade e autonomia. Da mesma maneira que traz benefícios, a IA também traz desafios. Imagine quão exposta estaria uma população inteira com poeira neuronal implantada em seus cérebros.

No passado, os profissionais de marketing usavam mensagens subliminares para enganar o nosso subconsciente e nos fazer comprar seus produtos. Hoje, o Facebook exibe *feeds* selecionados em nossas páginas com o intuito de mudar o nosso humor ou oferecer produtos especificamente relacionados a quem somos, do que gostamos, de acordo com o humor em que imagina que estamos e o que acha que queremos. E nós nem percebemos! Em um futuro próximo, um vírus baixado poderia reprogramar a poeira neuronal para armazenar novas crenças em nossos cérebros. Os hackers já podem ver você pela câmera do seu computador ou aparelho de TV. Por que não leriam a sua mente quando você usar dispositivos neuronais? Inclusive, se eu tivesse a poeira neuronal em meu cérebro, seria muito fácil para meu marido ler a minha mente quando me pergunta o que há de errado e eu digo que "não é nada". Não, nada bom. Nada bom mesmo. Nós, mulheres, teremos que nos reinventar!

Os EUA, sozinhos, são responsáveis por 52,3% do investimento mundial em IA, que vem crescendo a uma taxa média de 56% a cada ano desde 2016.[43] Durante o mesmo período, o orçamento da educação até o ensino médio nos EUA cresceu a uma taxa média anual de 3%.[44] O crescente investimento em IA é uma declaração de que acreditamos que ela é o futuro. Todos os dias, os engenheiros melhoram algoritmos para torná-la mais eficiente e menos dispendiosa, enquanto os professores ainda usam um sistema ineficiente do século XIX para fazer a IB funcionar, alheios à probabilidade de que a IA em breve superará a IB e de que teremos que aprender a conviver com isso.

Embora esse futuro possa ser assustador, as mudanças são inevitáveis. No ritmo em que a tecnologia está evoluindo, o futuro pode muito bem nos apresentar uma fusão entre IB e IA. Os transistores realizam bilhões de operações por segundo com conexões limitadas a outros transistores. Os neurônios do cérebro se conectam a milhares de outros neurônios ao mesmo tempo, mas podem realizar apenas 1.000 operações por segundo. Teremos uma capacidade cerebral incrível quando a IB se fundir com a IA, e será impossível abrir mão dela. Não tenho dúvidas de que essas possibilidades fazem o Einstein se revirar no túmulo.

Nossos cérebros são como alguém poderoso e incrivelmente inteligente, mas terrivelmente preguiçoso. O cérebro é assim por essência, para conservar energia. No modo automático, com o objetivo de chegar a conclusões o mais rápido possível—embora nem sempre com precisão—, ficamos presos a preconceitos implícitos e a afirmações de raciocínio rápido típicas de um sabe-tudo. Considerando o que o futuro provavelmente reserva para nós, devemos aumentar nossa consciência, prestar atenção a essa mecânica cerebral e, por meio do controle cognitivo, tomar decisões conscientes. Para nos prepararmos para o que está por vir em um futuro próximo, devemos nos tornar aprendizes de vida inteira e desenvolver nossa inteligência emocional.

O Dr. Jeff Lichtman, neurocientista da Universidade de Harvard, calculou que a indexação de todo o cérebro humano exigiria milhares de zetabytes de armazenamento de dados. Para fins de comparação, em 2020, a internet foi estimada em 44 zetabytes. Assim, embora possamos esperar que IB e IA eventualmente se fundam, ainda estamos a anos de distância disso. Ainda não entendemos a capacidade dos nossos cérebros, muito menos o poder da nossa consciência. Dispositivos neuronais podem até funcionar com a mecânica do cérebro, mas ainda não está claro se realmente será possível que eles interajam com nossa consciência algum dia.

## ~ REDEFININDO A APRENDIZAGEM BIOLÓGICA PARA A ERA DA IA ~

O que isso significa para a educação? Aprender é o nosso caminho para o controle cognitivo e, consequentemente, para viver bem na era da IA. Devemos estar preparados e preparar os estudantes para o desconhecido. Além disso, as pessoas que tomarão decisões sobre as questões éticas que as tecnologias futuras vão levantar estão sentadas em sua sala de aula agora. As escolas devem preparar os estudantes para que tenham o estado de espírito e a consciência cognitiva para tomar boas decisões. Literalmente, o futuro da humanidade está em suas mãos, e você e eu somos responsáveis por pavimentar esse caminho.

Então, o que podemos fazer hoje para nos prepararmos para o futuro? Não há dúvidas de que a tecnologia continuará avançando mais rapidamente do que pensamos, pois o poder de processamento dobra a cada ano, grandes quantidades de dados estão disponíveis, e os algoritmos se tornam cada vez mais sofisticados. A única ferramenta que temos agora, como seres humanos, é o nosso cérebro.

Devemos, primeiro, nos recondicionar por meio da aprendizagem. Leia livros, assista a vídeos, participe de conferências, coloque o cérebro para funcionar! É provável que você já tenha ouvido falar, na sua academia de ginástica, que um exercício perde o efeito em seus músculos se você repeti-lo todos os dias. A mesma coisa acontece com o seu cérebro, que também é um músculo, caso você apenas repita o que já sabe e não renove seu conhecimento. É por isso que é importante nunca, nunca parar de aprender. Como disse o palestrante transformacional Leland Val Van de Wall: "A aprendizagem ocorre quando você conscientemente considera uma ideia, se envolve emocionalmente com a ideia, dá um passo e age de acordo com a ideia, melhorando, assim, os resultados em alguma área de sua vida".

Um estudante ativo modifica seu comportamento com o que aprendeu. Um estudante passivo memoriza e regurgita conceitos que nunca praticou. Por causa do condicionamento ao longo dos nossos anos de escolaridade, temos medo de fracassar quando introduzimos em nossas vidas conceitos que diferem do *status quo*. Quando aprendemos a assumir o controle do processo de aprendizagem, podemos nos ajustar e assumir o controle de qualquer situação.

Aprender e praticar algo novo sempre nos tirará da zona de conforto. Portanto, ao se aventurar em seu próximo nível de aprendizagem, você deve adotar a mentalidade de crescimento (veja o Capítulo 9). Isso significa que, se você deseja evoluir continuamente, tem que se sentir confortável com não se sentir confortável e com cometer erros. Mas você deve agir; você deve progredir. Esse trabalho ficará mais fácil com a prática e a autoconsciência. Conforme você aprende, você se torna capaz de inspirar outras pessoas a fazer o mesmo, encontrando um novo significado em suas vidas todos os dias.

Não é hora de redefinir nossa experiência de aprendizagem biológica? Temos muito o que colocar em dia! A IA está evoluindo em alta velocidade, enquanto a IB está ficando para trás. Os sistemas educacionais em todo o mundo estão adotando abordagens de aprendizagem mais inovadoras e com resultados comprovados. Nosso desafio é tornar essas abordagens escaláveis e adaptáveis a qualquer contexto. Nas últimas décadas, os pesquisadores têm se concentrado em aprendizagem semipresencial (*blended learning*), aprendizagem baseada em projetos, aprendizagem baseada em competências, aprendizagem personalizada e aprendizagem autônoma.

A **aprendizagem semipresencial** mistura a interação presencial em sala de aula com atividades que usam a tecnologia e promove algum controle ao estudante, como do ritmo. Na **aprendizagem baseada em projetos**, os estudantes trabalham em um projeto durante um determinado período para resolver um problema ou responder a uma pergunta complexa. Eles desenvolvem habilidades vitais, como pesquisa, trabalho em grupo, pensamento crítico, criatividade, solução de problemas do mundo real, desenvolvimento de um produto autêntico e comunicação em público, na apresentação de seu projeto. A **aprendizagem personalizada** adapta a aprendizagem aos pontos fortes e aos interesses de cada estudante e dá a eles escolha e voz sobre como, quando e onde vão aprender. A possibilidade de domínio do assunto é maior com essa flexibilidade, pois os estudantes estão mais interessados em explorar novos conhecimentos a partir de seus interesses. A **aprendizagem baseada em competências** detalha o caminho para a aprendizagem de habilidades específicas.

Talvez a mais relevante seja a **aprendizagem autônoma**, na qual os estudantes têm total regulação, controle e responsabilidade sobre seus processos de aprendizagem. É uma abordagem centrada no estudante, na qual ele está ciente de seus pontos fortes, necessidades de aprendizagem, objetivos e processos cognitivos, podendo avaliar sozinho sua aprendizagem por meio de um processo de metacognição. Estudantes autônomos estão preparados para a era da IA porque têm total controle cognitivo, podendo evocar ou ignorar pensamentos ou sentimentos e assumir a responsabilidade de aprender, em vez de depender de terceiros para lhes fornecer instruções. Queremos que os estudantes se tornem autônomos, e a escola lhes dá a oportunidade de 16.800 horas de prática. Além disso, a aprendizagem autônoma inclui facilmente a maioria das abordagens inovadoras de aprendizagem pesquisadas nas últimas décadas.

O Dr. Albert Bandura, professor de psicologia da Universidade de Stanford, pesquisou extensivamente a autoeficácia, a autorregulação e o autodesenvolvimento. Ele define autonomia como "a capacidade humana de influenciar o funcionamento e o curso dos eventos por meio de suas ações",[45] ou, em outras palavras, ter controle cognitivo.

Bandura identificou quatro práticas envolvidas no exercício da autonomia:

* **Intencionalidade**: a prática de uma intenção específica e a criação de um plano para realizá-la;

* **Antecipação**: a prática de definir metas específicas para realizar sua intenção e ações potenciais para orientar e motivar o esforço;

* **Autorreatividade**: a autorregulagem para executar as ações;

* **Autorreflexão**: a capacidade de avaliar o próprio funcionamento e de refletir sobre a eficácia pessoal, o impacto de suas ações e o significado de suas buscas, bem como de realizar correções quando necessário.

Bandura também definiu três formas de iniciativa que um indivíduo pode exercer sob seu próprio controle:

* **Autonomia individual**: os indivíduos se concentram no que podem controlar diretamente;

* **Autonomia intermediada**: os indivíduos recorrem a pessoas que têm os recursos e o conhecimento para atingir o resultado esperado;

* **Autonomia coletiva**: a reunião de conhecimentos, habilidades e recursos e a colaboração para o mesmo objetivo; deve ser

exercida por um grupo de indivíduos autônomos com alto controle cognitivo.

O sistema de aprendizagem compartilhado neste livro fomenta o desenvolvimento dessas três formas de autonomia com um processo de aprendizagem de seis etapas factível e direto, e você pode começar a usá-lo hoje mesmo.

A grande maioria dos estudantes em todo o mundo cresce com a mentalidade de tentar fazer as coisas o mais rápido possível e cumprir os requisitos mínimos para que possam se graduar na escola e encontrar uma profissão. A IA está substituindo a maior parte dos trabalhos que conhecemos e os está desempenhando significativamente melhor do que nós. Então, o que resta para os seres humanos? Primeiro, devemos acordar e nos preparar para permitir que as crianças criem o mundo ao nosso redor, independentemente do caminho que escolherem para seu futuro. Além disso, precisamos fomentar o desenvolvimento de indivíduos não hackeáveis. A única maneira de fazermos isso é pelo desenvolvimento da consciência cognitiva por meio da aprendizagem, o que levará ao controle cognitivo. Em outras palavras, devemos aprender a usar nossos cérebros de maneira eficaz.

A IA substituirá os educadores algum dia? Embora ela esteja crescendo e vá continuar a crescer significativamente, ainda não houve um avanço na consciência do computador. Ainda que os computadores ganhem sua própria forma de consciência, nossa consciência humana tem um poder mais forte, que ainda não entendemos completamente. Assim, embora a IA possa substituir tarefas repetitivas que os professores executam, o mais provável é que nunca substitua a conexão humana.

O cérebro interpreta as informações básicas das expressões faciais de alguém em apenas 33 milissegundos e reage imediatamente a elas. O Dr. David Eagleman, professor de neurociência da Universidade de Stanford, mediu essas pequenas expressões faciais por meio de um experimento em que registrou as reações das pessoas a imagens de rostos, alguns carrancudos, alguns sorrindo, alguns chorando etc. Os participantes reproduziram as mesmas expressões faciais das imagens que viram. Por quê? Nossos cérebros são programados para se conectar com outros seres humanos e influenciá-los. Portanto, se tivermos hábitos bons ou ruins, se estivermos felizes ou tristes, se estivermos alegres ou tivermos vícios, influenciaremos outros a fazerem o mesmo. Essa é a nossa conexão humana.

Em uma nota separada, a pesquisa de Eagleman também descobriu que as pessoas que receberam injeções de Botox são menos propensas a se relacionar com outras pessoas. Essa neurotoxina inibe as expressões faciais, e a incapacidade de um indivíduo de fazer certas expressões prejudica sua capacidade de reconhecer emoções no rosto de outra pessoa e, assim, conectar-se a ela. O cérebro nos ajuda na relação com os outros ao espelhar suas expressões faciais sem que percebamos!

## ~ MANTENDO OS HUMANOS RELEVANTES EM UM MUNDO DE IA ~

Embora o cérebro humano sempre vá ter capacidades das quais a IA não tem como se aproximar, nossa existência será redefinida pela Singularidade da Superinteligência, que se refere ao momento em que a IA ultrapassa a inteligência biológica dos humanos. Segundo cientistas, isso está previsto para antes de 2030. Se a IA está fazendo tudo o que os humanos faziam antes com maior capacidade, precisão e qualidade, duas coisas podem acontecer: podemos prosperar, descobrindo a extensão total da capacidade da consciência e entrando em um período de criação e descoberta inimagináveis; ou ser condenados a viver na falsidade, dentro de mundos virtuais criados por nós mesmos ou pela IA. É hora de nos prepararmos para esse futuro, que se aproxima rapidamente.

Talvez a próxima evolução humana significativa seja a descoberta de que nossos cérebros são subutilizados, e usaremos nossas práticas de educação para explorar ao máximo o potencial temos. Como o mundo da IA é altamente personalizado para cada usuário, o aprendizado deve acontecer nesse novo normal. Podemos, então, descobrir todos os talentos humanos, tornando este mundo um lugar melhor para se viver.

Personalizar a aprendizagem significa tornar-se um catalisador das experiências de aprendizagem dos estudantes. De acordo com o *Dicionário Houaiss*, "catalisador" é "o que estimula ou dinamiza". Essa definição quer dizer que, com o suporte de um professor, pai, líder empresarial ou treinador, os estudantes iniciam a aprendizagem e têm a iniciativa de seguir em frente. A educação personalizada significa treiná-los para descobrir suas paixões e orientá-los para desenvolver o conhecimento e as habilidades necessárias para que consigam sobressair nas suas escolhas. A aprendizagem autônoma os preparará para continuar a fomentar suas habilidades para o resto da vida.

Pense em cada estudante como uma semente em suas mãos. Seu trabalho é plantá-la e cuidar dela para que floresça, mas a semente crescerá de acordo com o que há dentro dela. Em outras palavras, uma semente de maçã lhe dará maçãs, não orquídeas, ainda que você prefira a segunda opção. Portanto, precisamos evitar dizer aos estudantes o que devem ser e começar a apoiá-los e orientá-los para que floresçam com o que têm dentro de si—suas paixões. Nosso ponto de partida não é uma página em branco, mas um indivíduo cheio de um potencial que está apenas esperando para ser realizado.

## – IDENTIFIQUE SUAS PRÁTICAS DE ENSINO ATUAIS—A AVALIAÇÃO COMPASS –

Pessoalmente, acredito que a IA vai nos trazer grandes avanços e melhorar nossas vidas. Também creio que estamos em um momento crucial para o futuro da humanidade, com a chance de mover a bússola para uma aprendizagem mais significativa, equipando os estudantes para que saibam coexistir com a IA e liderar nesse novo normal. Nossa inércia pode continuar a resultar em habilidades cognitivas e socioemocionais subdesenvolvidas, abrindo as portas para o poder da IA de eliminar a necessidade de pensarmos! Qual seria o significado de nossa existência se isso acontecesse?

Esta não é uma guerra entre IA e IB. Na verdade, não temos escolha, já que a IA veio para ficar. Em vez disso, meu argumento é que devemos preparar os estudantes para aumentar suas habilidades cognitivas e aplicá-las para o benefício da humanidade. Estudantes bem preparados criarão a próxima geração de algoritmos de IA e decidirão sobre as políticas que afetarão as vidas de todos. Já que você não tem controle sobre a IA, trabalhe com o que tem a seu alcance: sua própria aprendizagem e a aprendizagem dos seus estudantes. Mas por onde começar esse movimento? É simples: de onde você está.

No início deste capítulo, cobrimos uma variedade de metodologias de aprendizagem. Qual é a melhor? Os modelos podem se complementar e beneficiar o estudante. Alguns professores praticam um determinado modelo mais do que outros. No entanto, mesmo se, por exemplo, você acreditar que usa puramente a aprendizagem baseada em projetos, é provável que, em certas dimensões, também pratique outras abordagens.

A Avaliação Compass é uma ferramenta gratuita e simples que ajuda na identificação das suas práticas de ensino atuais e na definição da jornada de desenvolvimento profissional mais eficaz para você. Ela divide as práticas de educação em sete dimensões principais, com base na pesquisa, desenvolvimento e implementação de inovação em aprendizagem que fizemos na minha empresa, a Learning One to One.

Essa avaliação consiste em uma série de perguntas para identificar onde a prática de um professor se concentra e, então, apresenta um relatório personalizado com recomendações de desenvolvimento profissional para melhoria contínua.

### ⁓ AS SETE PRINCIPAIS DIMENSÕES DA PRÁTICA EDUCACIONAL ⁓

- **Organização**: gestão dos espaços físicos e ritmo de aprendizagem;

- **Metodologia**: relação estudante—educador e o papel do professor;

- **Flexibilidade**: maleabilidade de objetivos, do calendário, do currículo acadêmico e do conteúdo;

- **Processo Intelectual**: desenvolvimento das habilidades cognitivas dos estudantes;

- **Processo Socioemocional**: desenvolvimento das habilidades socioemocionais dos estudantes;

- **Avaliação**: objetivos e ferramentas para avaliar a aprendizagem; e

- **Comunidade de Aprendizagem**: estrutura organizacional e relacional da escola.

### ⁓ AS FUNÇÕES DA AVALIAÇÃO COMPASS ⁓

- Uma **ferramenta de autoconsciência** que permite aos professores refletir sobre suas práticas atuais;

- Uma **ferramenta de orientação**, para que se definam as necessidades de desenvolvimento profissional e para ajudar os professores a se engajarem efetivamente no crescimento profissional; e

- Uma **porta de entrada** para um plano de desenvolvimento profissional personalizado.

Você pode acessar a Avaliação Compass em: www.ProfessordoEinstein.com. Os educadores influenciam enormemente o desenvolvimento dos estudantes e suas jornadas de vida. Por isso, quando se tem como objetivo formar as gerações futuras, é importante que se invista no desenvolvimento profissional contínuo. Use a Avaliação Compass para descobrir onde suas práticas estão mais focadas e o seu caminho ideal.

Apesar do pouco investimento em educação no Brasil, existem muitas experiências inovadoras e exitosas, frutos da coragem e criatividade dos educadores. Em um cenário de restrição de verbas, é preciso ser criativo também na gestão dos recursos disponíveis, buscando decisões inteligentes e sustentáveis. É possível tornar o sistema mais eficiente e eficaz. No mundo corporativo, melhorar os processos e atender melhor os seus clientes é algo imprescindível. O que é necessário para que façamos o mesmo na educação?

## CAPÍTULO 7

# QUEM SUBSTITUIU MOZART?

"Nós somos o que fazemos repetidamente.
Excelência, portanto, não é uma ação, mas um hábito"

~Aristóteles

Nos capítulos anteriores, discutimos como, para que nossa inteligência biológica nunca pare de se desenvolver, precisamos também nunca parar de aprender. Ainda discutimos como a forma tradicional de ensino e aprendizagem suprime a motivação. O que devemos fazer para possibilitar aos estudantes uma boa experiência de aprendizagem ao longo da vida? Qual é a única coisa que pode envolvê-los emocionalmente com o que aprendem, motivá-los a agir de acordo com o que aprendem e melhorar muitas áreas de suas vidas?

Dois séculos atrás, Wolfgang Amadeus Mozart (1756-1791) prestava muita atenção às aulas de música que seu pai, Leopold, dava à sua irmã de 7 anos, Maria Anna Mozart. O jovem Wolfgang Mozart tinha apenas

3 anos e vivia com sua família em um pequeno apartamento em Salzburg, Áustria. Mas o que importava não era o tamanho do espaço, e sim os muitos instrumentos disponíveis. Ele adorava ouvir como o piano soava bem sempre que ele o tocava.

As aulas de música continuaram diariamente, e, aos 5, Mozart compôs a sua primeira peça musical. Sua assinatura era perceptível desde o início, com criações que seguiam os passos dos compositores contemporâneos e tinham um toque de inovação entre as notas, tornando-as únicas. A música dele tinha personalidade, o que muitos ainda chamam de "gênio". O pai de Mozart nunca precisou forçar o menino a praticar. O jovem Wolfgang tinha a automotivação para continuar estudando, compondo e se apresentando.

Leopold Mozart levou seu filho por toda a Europa, expondo-o à alta sociedade e aos músicos da época. Mozart, tendo descoberto seu amor pela música ainda jovem, nutriu esse sentimento ao longo de toda a vida. Ele sabia do que era capaz e estava determinado a viver fazendo o que amava. Assim, trabalhou para quem queria e compôs o que agradava a ele e ao seu público.[46]

Aos 25 anos, ele escreveu em uma carta ao pai: "Meu principal objetivo agora é conhecer o imperador em uma ocasião agradável. Estou absolutamente decidido de que ele deve me conhecer. Eu ficaria muito feliz se pudesse exibir a minha ópera a ele e, em seguida, tocar uma fuga ou duas, pois é disso que ele gosta".[47] O imperador austríaco, José II, acabou conhecendo o jovem músico e apoiou substancialmente sua carreira por muitos anos. Mozart nunca se contentou com menos do que era capaz e procurou melhorar a cada nova composição.[48] Ele foi uma inspiração para muitos compositores depois dele, incluindo Ludwig van Beethoven (1770-1827), Pyotr Ilyich Tchaikovsky (1840-1893) e Fryderyk Franciszek Chopin (1810–1849).

O que vivemos hoje em dia é muito diferente da determinação, criatividade e motivação de Mozart. Experimente verificar os perfis de algumas de suas conexões no LinkedIn. Aposto que a maioria delas terá enumerado funções desempenhadas em diferentes organizações, mas não necessariamente o que as torna únicas. "Administrei isso, fui responsável por aquilo". Isso é apenas uma consequência da educação de fábrica que recebemos: aprendemos que temos uma função, e somos substituíveis porque o foco está na tarefa, não na singularidade da pessoa.

Se Mozart vivesse hoje, seu perfil no LinkedIn seria mais ou menos assim: "Meu nome é Wolfgang Amadè Mozart. Sou um músico profissional renomado e compositor de música clássica. O que me diferencia dos outros compositores é minha capacidade de escrever peças premiadas em todos os principais gêneros clássicos, com sofisticação técnica avançada e alcance emocional. Toco piano, violino, cravo e órgão. Compus mais de 600 sinfonias, concertos e óperas até agora, entre eles: *A Sinfonia de Paris*, *As Bodas de Fígaro*, *Don Giovanni*, *Quartetos de Haydn* e *A Flauta Mágica*. Você sente arrepios ao ouvir minhas criações? Pois é assim que eu sou! A emoção que coloco em cada uma das minhas composições é algo que vai do meu coração diretamente para o seu. Atualmente, estou trabalhando em um réquiem em ré menor. Também fiz apresentações por toda a Europa para príncipes, imperadores e membros de suas cortes. Componho desde os 5 anos de idade, com a orientação do meu querido pai e o apoio da minha mãe e da minha irmã. Hoje, além do meu amor infinito pela música, meus dois filhos e esposa são minha inspiração para continuar compondo e tocando. Estou disponível para comissões. Envie um e-mail para perguntar sobre meu trabalho".

Na verdade, embora a maioria das empresas fale em encontrar, desenvolver e manter talentos, elas compartimentam o talento dentro de uma função. Portanto, assim que alguém sai, a empresa encontra uma nova pessoa para substituí-lo e realizar o trabalho necessário. Afinal, é apenas uma questão de realizar tarefas específicas em uma função específica, como em uma fábrica. Em meus mais de 20 anos de trabalho para grandes empresas corporativas nos EUA, aprendi que ninguém é insubstituível no trabalho funcional. Reflita sobre isto: estamos educando os estudantes de hoje para o trabalho funcional ou para que melhor expressem e utilizem os talentos únicos que têm?

Wolfgang Amadeus Mozart, Oswaldo Cruz, Clarice Lispector, Santos Dumont, Elis Regina, Tancredo Neves, César Cielo. Esses indivíduos—e muitos outros—deixaram suas marcas no mundo de maneiras únicas. Pode haver outros músicos, escritores, inventores, pesquisadores, atletas ou políticos que serão lembrados por seus próprios legados, mas não da mesma forma que esses indivíduos. Como podemos fazer com que essa seja a norma?

## ~ MOTIVAÇÃO INTRÍNSECA—A FORÇA QUE LEVA ALGUÉM A DEIXAR UMA MARCA ~

Temos pouca ideia do que é preciso para se tornar um medalhista de ouro olímpico, criar uma indústria ou fazer a diferença como líder comunitário. Nós apenas conhecemos os resultados do potencial desenvolvido: as belas canções, as emoções no rosto do atleta vencedor, as comunidades melhoradas. Sabemos que cada um desses indivíduos tinha uma motivação intrínseca que, independentemente do que outras pessoas dissessem ou de suas circunstâncias, os fazia continuar—eles amavam o que faziam. Por causa dessa motivação intrínseca, cada um deles foi capaz de descobrir seu potencial, realizar seus sonhos e prosperar em suas vidas.

Na educação, falamos de potencial o tempo todo. O que significa "potencial"? Em nossa definição, é a combinação de habilidades que tornam uma pessoa única e liberam o valor infinito que ela tem dentro de si. Cada um de nós tem um potencial único e que só pode ser desenvolvido por nós mesmos. O que precisamos aprender é como desencadeá-lo. O trabalho de um educador é acelerar o processo que fomenta o máximo potencial de cada estudante. Para tanto, devemos desenvolver sua motivação intrínseca, de modo que eles mesmos consigam fazer o trabalho para chegar lá.[49] Isso é o exato oposto do que a maioria dos estudantes vivencia nas escolas de hoje.

Vejamos alguns dos elementos da motivação intrínseca e sua importância em ajudar os indivíduos a alcançar seu potencial. Aqui vai um exemplo: em 2010, a esquiadora Lindsey Vonn venceu a Copa Feminina do Mundo de Esqui Alpino da Federação Internacional de Esqui (FIS, na sigla em francês). Em uma entrevista, ela admitiu ter cometido um "grande erro" na primeira parte da descida, e os fãs duvidaram que ela fosse vencer. "Continuei batalhando durante toda a descida", disse. "Não esquiei com perfeição hoje, mas estava na direção certa". Ela focou o objetivo que havia definido para si e venceu por 0,68 segundo. Essa experiência de Vonn também é um bom lembrete de que desempenhar no máximo de seu potencial não significa necessariamente uma execução perfeita, mas sim saber que você tem a capacidade de corrigir o trajeto e alcançar o resultado que deseja.

A motivação intrínseca é aquela força interna que nos leva a fazer algo quando sabemos que haverá uma recompensa significativa, como perseguir nossa paixão, desfrutar de uma tarefa ou defender um valor moral. Ela estimula o desejo pessoal de fazer e ser melhor, criando um estado que mantém um bom equilíbrio de dopaminas e endorfinas. Por outro lado, a motivação extrínseca impulsiona um comportamento específico com uma recompensa externa, como dinheiro, um vale-compras ou mercadorias. No caso do sistema educacional, a razão externa é representada, principalmente, por boas notas e o que elas podem proporcionar ao estudante. Com ela, cria-se um estado cerebral com uma dose extra do neurotransmissor norepinefrina, que almeja segurança em excesso e abre pouco espaço para falhas. A motivação intrínseca é o que mantém os atletas treinando, os empreendedores trabalhando, os músicos compondo e os cientistas pesquisando. Embora algumas pessoas sejam naturalmente mais inclinadas a ter motivação intrínseca do que outras, os pesquisadores agora entendem que essa é uma habilidade que pode ser desenvolvida.[50]

## ~ DESENVOLVENDO MOTIVAÇÃO INTRÍNSECA ~

Quando as pessoas estão intrinsecamente motivadas, elas apresentam melhor desempenho e maior satisfação pessoal. É o que mostra Daniel Pink, autor de constante presença na lista de mais vendidos do *The New York Times*, em seus muitos livros sobre sucesso empresarial.[51] Pessoas intrinsecamente motivadas entendem que o esforço traz as recompensas que desejam. O pré-requisito para se desenvolver a motivação intrínseca é "acreditar que temos autoridade sobre nossas ações e ambiente", escreveu Charles Duhigg, repórter e escritor científico vencedor do prêmio Pulitzer, em seu livro *Mais Rápido e Melhor* (Editora Objetiva, 2016).[52] "A motivação é desencadeada por escolhas que demonstram a nós mesmos que estamos no controle. A escolha específica que fazemos importa menos do que a afirmação de controle. É esse sentimento de autodeterminação que nos faz seguir em frente". Em outras palavras, a motivação intrínseca requer autodireção, o que significa ter a capacidade de tomar suas próprias decisões.

No mesmo livro, Duhigg comenta sobre uma pesquisa de psicólogos da Universidade de Columbia publicada em 2010 na revista *Trends in Cognitive Sciences*. **"A necessidade de controle é um imperativo biológico"**, ele cita, e depois escreve: "Quando as pessoas acreditam que estão no controle, a pesquisa mostra que trabalham mais, são mais resilientes e se esforçam mais. Cada escolha—não importa quão pequena seja—reforça a percepção de controle e autoeficácia". Para ajudar os estudantes a desenvolver a motivação intrínseca, devemos, deliberadamente, capacitá-los a planejar, agir, tomar decisões, mudar seu curso de ação e se transformar. Devemos orientá-los para que se tornem estudantes autônomos.[53]

É incrível a maneira como até mesmo os estudantes pré-adolescentes se comportam quando têm esse poder. Há alguns anos, visitei uma escola no México cujos professores receberam desenvolvimento profissional contínuo da minha empresa, com foco na compreensão e estímulo à autonomia de aprendizagem. Notei dois estudantes de 11 anos, Ana e Nicolas, estudando matemática. "O que vocês estão fazendo?", perguntei. "Estou ajudando o Nicolas com matemática", respondeu Ana. "Por que você está fazendo isso?", perguntei de volta. "Bem, porque eu estou muito avançada, e ele, que está atrasado, pediu minha ajuda", respondeu Ana. "Nicolas, por que você está atrasado?", perguntei. "Decidi jogar e fiquei para trás na matéria". "Hum . . . e o que você vai fazer diferente da próxima vez?", perguntei. "Vou planejar meu tempo melhor, com hora para jogar e hora para aprender matemática", respondeu Nicolas. Observe que Nicolas nunca disse que tinha dificuldade em aprender matemática ou que não gostava de matemática. Ele entendeu que era uma questão de planejar melhor seu tempo para fazer o trabalho. Nessa escola, os próprios estudantes acreditam que podem fazer tudo o que quiserem.

Ter o controle de sua aprendizagem motiva os estudantes a alcançar o domínio, fazendo com que partam do princípio de que têm a capacidade de fazer o que for. Nesse caminho para melhorar em algo, eles desenvolvem habilidades-chave que lhes servirão para o resto da vida, incluindo a resiliência. Curiosamente, um dos principais fatores que os pesquisadores encontraram para o aumento da resiliência é o grau de controle que alguém consegue exercer sobre sua situação e sua capacidade de identificar e usar as habilidades que tem para mudar essa situação. Conforme a autonomia dos estudantes aumenta, seu domínio também aumenta, e isso leva a uma motivação intrínseca ainda mais forte. Adicione um propósito, e eles serão altamente motivados e felizes. Quando os estudantes planejam seus próprios destinos, a jornada deixa de ser uma dor!

Jonathan, de 13 anos, ajuda seus pais na colheita de café em Concordia, Colômbia, de outubro a dezembro. O ano letivo vai de janeiro a novembro, e, na sua idade, ele normalmente teria que abandonar a escola, porque o trabalho o impede de frequentar os últimos dois meses. No entanto, seus pais descobriram uma escola na cidade de Itaguí, a duas horas de distância de onde moram, cujo sistema de aprendizagem é suficientemente flexível para acolher o garoto. Nela, ele é responsável por seu próprio aprendizado. Então, sabe que tem até o final de setembro para terminar um ano escolar completo, de modo que possa colher café com sua família e ainda investir em seu futuro. Para passar para o próximo ano, seu aproveitamento deve ser de 100%. Como aprendeu que há oportunidades para além da colheita do café e desenvolveu autonomia para aprender, Jonathan tem uma motivação intrínseca, nutrida por sua autonomia, domínio do processo de aprendizagem e senso de propósito. Ele é totalmente empenhado em concluir seu trabalho dois meses antes do final do ano letivo.

A boa notícia é que existem muitas pesquisas científicas comprovando que a motivação intrínseca pode ser desenvolvida em qualquer idade. Nossa própria prática com as escolas vem demonstrando isso repetidamente. À medida que os estudantes alcançam pequenos sucessos, a confiança e a autoestima aumentam. Eles começam a acreditar em suas capacidades pessoais e em sua habilidade de ter sucesso em uma tarefa,[53] e é a motivação intrínseca que os leva a mergulhar no aprendizado.

Descobrimos que é mais fácil fomentar o potencial dos estudantes do que corrigir suas deficiências e tentar adaptá-los ao sistema educacional! Nos próximos capítulos, vou compartilhar com você os detalhes para promover a motivação intrínseca, a autonomia de aprendizagem e o domínio em seus estudantes.

## ~ O VALOR DO FRACASSO ~

A vida está cheia de sucessos e fracassos. Cada pessoa mencionada neste capítulo falhou antes de fazer a história pela qual se tornou conhecida. Elas tiveram sucesso devido à motivação intrínseca, mas como reagiram ao não conseguir fazer o que haviam planejado?

O fracasso é uma parte crucial da aprendizagem autônoma. Pense no processo de uma criança aprendendo a andar: engatinhar, tropeçar, ficar de pé, tropeçar novamente, dar alguns passos, cair e, finalmente, andar. Devemos seguir o mesmo processo com os estudantes: permitir que, por si mesmos, tropecem, caiam e alcancem o domínio em todos os aspectos de suas vidas. O fracasso dentro da segurança do ambiente escolar, com o apoio dos professores, ajudará os estudantes a melhorar suas habilidades, corrigir a rota e continuar se desenvolvendo.

Veja esta história da minha própria vida: quando eu tinha 5 anos, descobri a série de TV *Mulher Maravilha*. Ela era uma mulher bonita, bem vestida, com os cabelos bem penteados. Sempre que podia ajudar os outros, se transformava na Mulher Maravilha, girando em um círculo que invocava uma luz brilhante e lhe dava cabelos ondulados, uma roupa especial e superpoderes. Eu me impressionava com como essa mulher lutava contra pessoas más, saltava de prédios, voava em um avião invisível e parava balas com seus braceletes de ouro.

Em um dia inspirador, eu estava brincando de ser a Mulher Maravilha e decidi pular de uma árvore. Naquela época, os programas de TV não tinham a isenção de responsabilidade—"não tente fazer isso em casa". Então, acreditei que meus superpoderes me fariam pousar perfeitamente, assim como a Mulher Maravilha! Afinal, eu também era mulher e, naturalmente, devia ter os mesmos superpoderes. Descobri que não era bem assim. Além de vários hematomas, fiquei sem meu dente da frente por dois anos, me lembrando que eu deveria evitar pular de árvores e que eu não era a Mulher Maravilha. Foi decepcionante, mas uma lição aprendida para a vida.

Minha mãe poderia ter me ajudado a nunca ter essa experiência e evitado que eu quebrasse meu dente se simplesmente tivesse me proibido de subir em árvores (e de pular delas). No entanto, se ela tivesse feito isso, eu nunca teria sido capaz de tirar minhas próprias conclusões sobre aquilo de que sou capaz ou de identificar quais habilidades são necessárias para realizar tarefas específicas, tudo na segurança do meu ambiente familiar. Levei essa prática para o meu trabalho como líder e gerente, permitindo que os membros da minha equipe testassem suas ideias, falhassem, se necessário, e tirassem suas próprias conclusões sobre que ideias eram boas ou quais precisavam ser melhoradas.

A educação deve consistir em ajudar as crianças a escrever suas próprias histórias. Os contratempos desenvolverão resiliência. Portanto, enquanto estiverem na segurança do ambiente escolar, deixe que tentem e fracassem quantas vezes forem necessárias. Qual é a consequência de cometer um erro? A única referência que as crianças têm hoje são os videogames, onde vivem sete vidas e renascem depois que alguém as "mata". Pensando bem, essa até que é uma referência muito boa.

Quanto mais consciência e prática temos em superar obstáculos, mais nos preparamos para enfrentá-los. O poder da perspectiva—neste caso, alcançar um objetivo maior—pode mudar a maneira como lidamos com contratempos, e podemos ajudar os estudantes a identificar esse poder enquanto estão na escola. Eles vão acabar aprendendo que é bom ter resistência, porque é um sinal de avanço! Afinal, os aviões decolam contra o vento. Em termos biológicos, formamos redes neuronais para lidar com qualquer obstáculo que enfrentemos. É o que Lindsey Vonn fez na primeira parte da montanha na Copa do Mundo de Esqui Alpino, quando cometeu um erro, mas confiou que ainda poderia terminar com um melhor tempo pessoal.

Achamos que pessoas de sucesso têm superpoderes. Na realidade, porém, elas descobriram uma combinação de habilidades que as torna bem-sucedidas. Esse é um poder que está ao alcance de todos. Nosso trabalho como educadores, pais e líderes é dar aos estudantes as ferramentas certas para, por meio da crença de que podem alcançar o que desejam e conquistar o sucesso nos seus próprios termos, alimentar suas motivações intrínsecas. Afinal, a palavra "educação" vem do latim *educare*, que significa "extrair, desenvolver de dentro, trazer para fora o que está dentro".

## ~ MANTENDO O CÉREBRO EM MOVIMENTO ~

Resumindo, toda vez que seus estudantes têm pequenos sucessos, a motivação intrínseca deles aumenta, assim como a crença de que podem alcançar quaisquer metas que estabelecerem para si mesmos. À medida que forem desafiados, eles vão apontar cada vez mais alto. É a dopamina em ação. Então, como podemos manter esse ciclo de motivação intrínseca e de pequenas conquistas de sucesso? Precisamos fazer com que os cérebros dos estudantes continuem trabalhando.

A primeira lei do movimento de Newton diz que objetos em repouso tendem a permanecer em repouso, e que objetos em movimento tendem a permanecer em movimento—a menos que sofram a ação de uma força externa. O que acontece em nosso sistema escolar da era industrial, que mantém os cérebros dos estudantes quase em repouso, recebendo informações até se formarem no ensino médio e entrarem na faculdade, para, só então, serem colocados para trabalhar? Se são necessárias 10.000 horas de prática para que se torne um especialista em qualquer coisa, e, do jardim de infância ao ensino médio, os estudantes gastam 16.800 horas praticando sentar e esperar pela próxima instrução, o que podemos esperar deles na idade adulta? Acredito que, com tanta prática nesse estado de inação, eles tenderão a ficar em repouso também depois de se formarem. Não é à toa que as empresas reclamam que os funcionários mais jovens carecem de iniciativa e habilidades interpessoais. Isso aconteceu comigo! Você se lembra da minha história sobre quando enviei uma proposta por fax, lá no Capítulo 4?

Para o cérebro, o que significa ficar em repouso no mundo do trabalho? Veja este exemplo: dois engenheiros bem pagos e de boa formação certa vez me contaram que a maioria dos projetos em que estão envolvidos poderia ser concluída em horas, mas eles convencem seus gerentes de que levarão de três a sete dias. Eles me disseram que é assim que mantêm seus empregos: convencendo seus gerentes de que leva tempo para que consigam dar forma às suas contribuições. É provável que seus gerentes trabalhem de maneira semelhante. Acredito que essa atitude venha de 16.800 horas de prática na escola, durante as quais as pessoas aprendem que precisam apenas fazer um trabalho razoável, em vez de um trabalho excelente. Quando o cérebro se acostuma a ficar em repouso, as pessoas apenas desempenham a função para a qual foram contratadas. Como elas não vão além do esperado, o mundo perde produtividade e novas ideias.

Deixe-me contar a história de uma viagem que fiz à Argentina vários anos atrás. Durante a corrida de táxi do aeroporto para o meu hotel, Matías, meu motorista, reclamou da administração nada impressionante do novo presidente e de como a economia estava sofrendo. Ele me surpreendeu, porém, quando identificou a educação como a questão mais crítica a ser resolvida em seu país, dizendo que um sistema de educação melhor permitiria à Argentina "ter cidadãos produtivos e respeitáveis". E continuou: "Se eu pudesse consertar o sistema educacional, eu faria com que os estudantes aprendessem a perseverar. Tenho 56 anos e sou taxista. Comecei tantos projetos que nunca terminei . . . Eu poderia estar em um lugar muito melhor hoje se os meus professores tivessem me ajudado a trabalhar em meu potencial e se eu tivesse aprendido a perseverar".

Matias é um produto de um sistema educacional que exige que os estudantes façam exatamente o que lhes é dito, seguindo a definição de sucesso de outra pessoa e recebendo reconhecimento apenas de quem definiu o sucesso. Depois de tantos anos, o cérebro se acostuma com esse treinamento muito específico: "Faça o que eu digo e seja recompensado com a nota que só eu posso lhe dar". Agora você entende por que Matias nunca conseguiu terminar seus projetos pessoais. Embora tentasse muito estabelecer metas para si mesmo, estava acostumado a buscar o reconhecimento e a aprovação dos outros. A primeira opinião negativa de alguém era o suficiente para ele desistir! Matias poderia ter sido talentoso em algum campo, mas, como não agiu na direção de desenvolver seu potencial, seu talento se tornou inexpressivo. Talento não tem a ver com dispor de uma enorme gama de habilidades, mas com a capacidade de desenvolver aquelas que você já tem.

Matias tem razão ao dizer que a educação deve abordar o problema que ele enfrentou durante toda a sua vida. Pesquisas demonstram que os estudantes PODEM desenvolver resiliência na escola por meio da exposição a situações que os levem a praticá-la.[54] A perseverança é uma consequência da motivação intrínseca, e a segurança do ambiente escolar permite o preparo apropriado para identificar, enfrentar, se adaptar e se recuperar da adversidade. A perseverança desenvolve a resiliência, que prepara os estudantes para explorar e realizar todo o seu potencial.

Os seres humanos podem e devem crescer até o seu potencial máximo—tudo na natureza o faz, a menos que saia de seu curso natural. Uma árvore atinge sua altura mais alta. Um tigre é tão forte quanto pode ser. Montanhas ao redor do mundo continuam a crescer. Você nunca viu um elefante adulto baixinho . . . Quantas pessoas de 56 anos você conhece na mesma situação que o Matias, que nunca conseguem alcançar seu potencial? Os humanos são os únicos que se limitam!

Quando pessoas de qualquer idade são estimuladas a revigorar seus cérebros, elas se sentem motivadas e engajadas. Nenhum pai, professor, empresa ou país quer indivíduos que dependam deles durante toda a vida. No entanto, os sistemas escolares industriais, ao manter os cérebros dos estudantes em repouso, estão criando essa dependência. Por outro lado, se os mantivermos "em movimento" no período escolar, eles continuarão a se mover depois que saírem da escola.

Empresas como Uber e Airbnb se tornaram um grande sucesso nos últimos anos operando em modelos de negócios que exploram recursos subutilizados, como um carro na garagem ou uma casa temporariamente vazia. Agora, pense no que os estudantes poderiam realizar se os sistemas escolares fizessem melhor uso de seus cérebros subutilizados, permitindo que eles "se movessem" com mais frequência na segurança do ambiente escolar. Eles teriam a oportunidade de praticar e de se tornar especialistas no que são apaixonados: invenções, soluções, técnicas, esportes e muito mais! Depois de suas 16.800 horas de prática de "cérebro em movimento", seus cérebros tenderiam a permanecer em movimento pelo resto de suas vidas. "A vida é como andar de bicicleta. Para se manter equilibrado, você deve continuar se movendo". (Albert Einstein)

A pergunta no título deste capítulo é capciosa. Joseph Haydn, um compositor austríaco do período clássico, escreveu sobre Mozart: "A posteridade não verá talento igual em 100 anos".[55] Ele estava errado. A posteridade jamais verá um talento como o de Mozart! Ninguém substituiu Mozart e ninguém o fará. Cada ser humano tem um talento único para dar de contribuição ao mundo. Cada um de nós é o único que realmente entende nosso próprio potencial e como cultivá-lo. E, embora o talento permita melhorar determinadas habilidades mais rapidamente, é o **esforço contínuo** de praticar que torna essas habilidades produtivas e úteis. Por isso é tão importante para o sistema de ensino desenvolver a motivação intrínseca e a autonomia de aprendizagem de cada estudante, fomentando, consequentemente, o seu potencial.

Se cada pessoa pudesse impactar o mundo de uma maneira única, como Mozart fez, definitivamente seríamos uma sociedade mais avançada. Um talento não desenvolvido é apenas um talento em potencial, um potencial não revelado. Quais serão as histórias de seus estudantes daqui a 200 anos?

Você já sabe o que é preciso para ajudá-los a viver histórias fantásticas: a motivação intrínseca. Então, por onde começar? Você pode começar transformando suas próprias práticas como educador, pai, mãe ou líder. Siga o conselho de Marco Aurélio, filósofo romano: "Não perca mais tempo discutindo como uma boa pessoa deveria ser. Seja uma." Aprenda a fazer isso nos capítulos a seguir.

CAPÍTULO 8

# O JOGO INFINITO

"Amadores praticam até que acertem.
Profissionais praticam até que nunca mais errem"

~Peter Voogd

*ree Solo* é um documentário sobre a tentativa de Alex Honnold de escalar sem cordas a face de granito de 1.006 metros do El Capitán, no Parque Nacional de Yosemite, na Califórnia. No filme, com 32 anos na época, Alex compartilha como treinou obsessivamente para executar a escalada. Primeiro, ele praticou com cordas, tentando engates e etapas em diferentes partes do El Capitán, avaliando o que funcionava e o que não funcionava, tentando novamente, avaliando de novo e assim por diante, até que tivesse certeza da sua escolha. Em seguida, ele repetiu a melhor rota várias vezes, avaliando seu desempenho após cada uma das práticas, reajustando e melhorando seus movimentos, até saber o que realmente funcionava melhor. Com o tempo, a mente e o corpo dele se acostumaram à escalada, e ele conseguia lembrar exatamente o que fazer para dar o próximo passo.

Em termos biológicos, com tanta prática, autoavaliação e ainda mais treinamento, Honnold estava fortalecendo sua rede neuronal para escalar o El Capitán sem cordas até que essa habilidade fosse gravada em seu cerebelo e ele pudesse executá-la sem pensar duas vezes.

Honnold sabia que precisava estar física e mentalmente preparado. Afinal, três pessoas tinham morrido em tentativas anteriores de fazer essa escalada sem cordas. Se fosse bem-sucedido, ele seria o primeiro. Ele sabia que um gancho mal fixado ou qualquer deslize lhe custariam a vida. Durante os dois anos de preparação, Honnold se machucou muitas vezes, teve dúvidas e sentiu o peso dessa ideia. Várias de suas autoavaliações revelaram coisas em que ele precisava melhorar. A imensa magnitude do seu objetivo às vezes o assustava, e, para piorar as coisas, as pessoas ao seu redor o pressionavam o tempo todo para que ele fosse logo de uma vez, o que teve um grande custo emocional.

Em 3 de junho de 2017, Alex Honnold escalou a face de mil metros do El Capitán sem cordas ou qualquer outro equipamento de segurança em 3 horas e 56 minutos. Para se ter uma ideia, um alpinista amador levaria de três a cinco dias para escalar os 965 metros de altura do El Capitán com cordas. Isso significa dormir algumas noites pendurado na parede rochosa.

"É tudo uma questão de desempenho", disse Honnold no documentário. "Ninguém consegue nada grandioso quando está feliz. É como ser um guerreiro. Não importa a causa. Seu caminho é esse, e você vai percorrê-lo até o fim, com excelência. Você enfrenta o seu medo porque a sua meta exige isso." Nessa busca pela excelência, Honnold se tornou o primeiro atleta a levar o alpinismo aos mais altos limites da habilidade física, da coragem de assumir riscos e da força mental. Essa é a mesma resiliência e a mesma postura implacável cultivada pelo empresário que funda uma empresa multibilionária na garagem de seus pais, ou pelo cientista que está trabalhando na próxima grande descoberta.

Essa história traz várias lições relevantes para a aprendizagem eficaz:

1. A autoavaliação é crucial para se dominar uma habilidade—ou uma montanha.

2. Grandes conquistas só acontecem quando buscamos a excelência, e essa é uma busca que deve ser contínua.

3. Cada indivíduo tem um nível de excelência pessoal e deve se esforçar para alcançá-lo. Nem todos podem aprender a escalar o El Capitán sem cordas, mas cada um de nós pode buscar o melhor desempenho dentro de nossas características.

As pessoas admiram heróis como Honnold, seres humanos que fazem o impossível, que acreditam que podem fazer tudo aquilo que decidem. Você já percebeu como você se motiva a mudar o mundo depois de assistir a um filme inspirador? Os filmes de maior bilheteria são aqueles em que o bem vence, o amor prevalece, as pessoas comuns superam os desafios que ameaçam suas vidas e os heróis derrotam o mal.

Nos EUA, por exemplo, todos os sites que vendiam ingressos para o lançamento de *Vingadores: Ultimato* nos cinemas, que ocorreria em 26 de abril de 2019, travaram durante a pré-venda, iniciada no dia 2 do mesmo mês. Esperava-se que o filme gerasse mais de 800 milhões de dólares apenas no fim de semana de estreia, mas o valor chegou a 1,2 bilhão de dólares. As mesmas pessoas que compraram esses ingressos estão sentadas na sua sala de aula ou trabalhando no seu escritório, ansiosas por uma vida cheia de aventuras em que possam ser os vencedores. As pessoas têm um desejo de acreditar em alguma coisa, ser desafiadas, encontrar em seu âmago a intensidade que trará um propósito para suas vidas. Todos querem se envolver na busca por algo maior do que si mesmos, por algo que valha a pena. Todos querem ser o Alex Honnold de suas próprias histórias.

Como professor, você pode aproveitar esse desejo para ajudar seus estudantes na busca de cada um deles pela excelência. Guie-os para que se tornem os heróis em suas próprias vidas, mostrando-lhes que a vida pode ser um jogo infinito.

## ~ O QUE É UM JOGO INFINITO? ~

"Existem pelo menos dois tipos de jogos. Um poderia ser chamado de finito, e o outro, de infinito", escreveu o filósofo James P. Carse em seu livro *Jogos Finitos e Infinitos: A vida como jogo e possibilidades* (Editora Nova Era, 2003). Os jogos finitos, ele explica, têm regras claras, conhecidas por todos os jogadores, e terminam quando um único jogador vence. Como um jogo finito deve ter um vencedor, há um grande foco em fazer cumprir as regras, para se manter a "justiça" para todos. Jogos de cartas, de tabuleiro, esportes e videogames são finitos. Os jogadores competem entre si. Alguém tem que vencer, e os demais devem perder.

Por outro lado, o objetivo de um jogo infinito é nunca terminar. As regras, os limites e até os jogadores podem todos ser mudados para que o jogo continue acontecendo. Na definição de James Carse, "jogadores finitos jogam dentro dos limites; jogadores infinitos jogam com os limites". Em jogos infinitos, os jogadores contribuem para manter o jogo vivo com um propósito claro. Eles estão conscientes o tempo todo, capazes de identificar os recursos e habilidades de que precisam para se desenvolver. Não há perdedores. Todos são vencedores enquanto o jogo continuar. O desafio é fazer com que o jogo continue.

Jogos infinitos são parte integrante das nossas vidas. É difícil saber o que vai acontecer no futuro quando escolhemos uma determinada carreira ou decidimos nos casar, ter filhos, mudar de emprego ou de país etc. As grandes decisões mudam nossas vidas radicalmente, e não há como desfazê-las depois que estão tomadas. O que podemos fazer é continuar tocando o jogo infinito da vida diante de nós.

## ~ O JOGO FINITO DAS AVALIAÇÕES EXTERNAS ~

As avaliações externas testam a capacidade dos estudantes de lembrar— ou memorizar—o que eles, teoricamente, aprenderam durante o ano letivo. Essas provas levam a uma dinâmica de competição, pois têm como objetivo comparar o desempenho de uma pessoa com o de outra segundo o mesmo conjunto de regras e, assim, dar a elas rótulos de 0 a 10: vencedores e fracassados. Essa cultura acaba impregnando toda a vida dos estudantes: o esforço para ser "o melhor" acaba por impedir que eles sejam melhores do que eram ontem. Como nos jogos finitos, as avaliações externas exigem regras que são estabelecidas por outros, pelo sistema educacional, e comparam os estudantes entre si. E eles se frustram quando não vencem nesse esquema.

Em 2014, Katie Brown, da cidade norte-americana de Seattle, foi nomeada Professora do Ano do Estado de Washington. Quando Bill Gates a entrevistou, ela desabafou ao contar sobre uma grande decepção que a perturbava: um de seus estudantes havia chegado de outro país e avançado quatro anos de inglês em apenas um, depois de "um trabalho heroico dele e de seus professores". E, mesmo assim, suas notas em provas indicavam que ele não era proficiente para o nível escolar. Quão frustrante é essa situação para o estudante e sua família? Qual é a probabilidade de ele desistir da escola? Como isso afeta a autoestima dele?

Conheci muitos professores que, como essa professora do ano, ficam frustrados quando as provas de seus estudantes não refletem ou avaliam o *esforço* deles. As avaliações externas criam uma cultura baseada no medo tanto para os estudantes quanto para os educadores. Os estudantes aprendem que, se não se sentarem quietos, prestarem atenção, fizerem o dever de casa e se saírem bem nos testes, eles não serão ninguém na vida. Já os educadores aprendem que, se seus estudantes não se saírem bem nos testes, eles mesmos não vão ganhar um bônus no salário e poderão até perder recursos. Para qual tipo de mundo estamos preparando os estudantes? Um mundo em que eles devem optar entre seguir ordens ou ser punidos?

"Especialistas" usam resultados de avaliações externas para definir o potencial que temos ou do que somos capazes. Quando os estudantes recebem notas baixas, eles tendem a desistir, pois esses "especialistas" dizem que eles não estão à altura do padrão. Por isso, muitos passarão o resto de suas vidas acreditando que são incapazes. Como o resultado de seus esforços é desagradável ou não gera recompensa suficiente, seus cérebros não produzem dopamina. Essa falta de dopamina desencoraja os estudantes a continuar tentando. Frequentemente, eles acabam culpando as influências externas por seu fracasso: professores, a escola, suas condições socioeconômicas, a falta de tecnologia ou de laboratórios ou qualquer outra variedade de fatores. Quando os estudantes não aprendem a assumir a responsabilidade pela própria aprendizagem e pelas próprias ações, eles acreditam que são incapazes de mudar a situação de suas vidas.

Os "especialistas" consideraram fracassadas muitas das pessoas de sucesso que mudaram o mundo. Einstein, Edison e Leonardo Da Vinci provavelmente seriam diagnosticados pelo sistema escolar de hoje como tendo TDAH e receberiam medicamentos com a intenção de "consertá-los". Eles não se encaixavam no padrão. O jovem Leonardo perguntava demais; disseram ao Albert que "ele nunca seria nada"; e o pequeno Thomas foi rotulado por um de seus professores como "incapaz de pensar com clareza".

Apesar de ter apenas três meses de escolaridade, Edison se tornou o maior inventor norte-americano. Quem acreditou nele e o motivou a explorar seu potencial? Sua mãe, Nancy Edison, que o encorajou, lhe deu confiança, impôs padrões elevados de excelência e "o educou de forma excepcional para que aprendesse como aprender", de acordo com o livro *Innovate Like Edison* (*Inove Como Edison*, sem tradução para o português).[56] O pequeno Thomas teve sorte de ter uma mãe como Nancy, uma educadora nata. A propósito, Edison perdeu a maior parte da audição quando ainda era criança, mas isso nunca foi um obstáculo para seu sucesso.

## ~ O MUNDO REAL DO JOGO INFINITO ~

No mundo real, muitas empresas prosperam ao jogar um jogo infinito, em vez de finito. No lugar de se concentrarem na concorrência e na obsessão por lucros a cada trimestre, elas focam, primeiro, suas missões e propósitos. Um exemplo delas é a Costco, uma rede atacadista norte-americana que ignora as expectativas de Wall Street e as demandas de margens de lucro para se concentrar na construção contínua de uma empresa que continuará firme nos próximos vinte anos. Na Apple, o falecido Steve Jobs ajudou a resgatar a empresa ao direcioná-la novamente para as melhores inovações em dispositivos, transformando a maneira como usamos a tecnologia.

Que tipo de ser humano queremos formar nas escolas? Se ensinarmos os estudantes a jogar um jogo infinito, eles criarão o hábito de se transformar sempre, o que é crucial para que sejam felizes neste mundo em constante mudança. O autoaperfeiçoamento contínuo cria paz interior e, portanto, melhor qualidade de vida. Por isso, educadores de jogos infinitos serão mais felizes e direcionarão seu foco à inovação e à busca por encontrar maneiras de extrair o melhor de cada estudante.

Com a prática adequada e em um ambiente escolar seguro, as crianças PODEM aprender a jogar o jogo infinito da vida. Ao permitir que os estudantes escolham um caminho e vivenciem as consequências de suas escolhas, também permitimos que eles percebam como suas decisões afetam sua realidade. Essa prática vai prepará-los para que evitem uma vida de arrependimentos, como a de Matias, o taxista de 56 anos sobre o qual escrevi no Capítulo 7. Andres, Ana, Nicolas e Jonathan estão tendo uma experiência de vida totalmente diferente, pois puderam praticar e projetar seus futuros desde muito jovens. Os adultos também podem aprender a jogar o jogo infinito da vida quando desenvolvem a autoconsciência, quando entendem claramente o que desejam e quando fazem um plano para chegar lá. Cada um de nós tem histórias para contar sobre as lições que aprendemos ao longo de nossas vidas adultas, sobre o jogo infinito que jogamos o tempo todo.

Felizmente, a comunidade educacional em todo o mundo acredita que a educação centrada no estudante, que emprega uma abordagem de jogo infinito, é a próxima evolução nessa área. Devemos dar um passo à frente e introduzir avaliações personalizadas escaláveis, pelas quais os estudantes possam avaliar onde estão hoje, em comparação com ontem, e continuar a evoluir. Isso os levará muito além do que vivem na escola. Uma avaliação do século XXI é como um jogo infinito em que os estudantes se esforçam o tempo todo para ser melhores do que eles mesmos. Não existe aquele foco na competição ou na comparação com os outros. O foco está no autoaperfeiçoamento contínuo, para que cada um beneficie a si mesmo e à comunidade.

A avaliação do século XXI:

1. **Respeita as diferenças com avaliações personalizadas.**

Cada pessoa é única e pode agregar valor significativo ao mundo. Quando nos concentramos nos pontos fortes de cada estudante, em vez de apenas em seus pontos fracos, melhoramos a autoestima, a motivação intrínseca e a resiliência deles para que continuem a prosperar. O fracasso faz parte do processo de aprendizagem e nunca vai rotular aqueles que sabem que podem aprender.

2. **Reconhece o nível de excelência pessoal de cada estudante.**

A avaliação do século XXI é personalizada e ajuda cada estudante a atingir seus próprios níveis de excelência. Pense na excelência como progresso, não perfeição. Atletas vencedores de medalhas praticam ser melhores do que eles próprios, não do que os outros. Essa é a história de Rayssa Leal, Rebeca Andrade, Michael Phelps e Lindsey Vonn. Eles estabelecem seu próprio padrão de excelência, apreciam a jornada para alcançá-lo e são premiados com os resultados. Na Learning One to One, vimos como o fato de os estudantes alcançarem a excelência em tudo o que fazem tem um efeito positivo que vai muito além da escola. Os pais nos dizem que seus filhos se tornam melhores "cidadãos" da casa—por exemplo, cuidando das tarefas domésticas. Acredito que a prática de dar o melhor na escola se traduza em dar o melhor em relacionamentos, carreiras, envolvimento com a comunidade e muito mais.

3. **Muda seu foco para qualidade constante e tempo variável.**

Na educação de hoje, o tempo é constante, enquanto a qualidade é variável. No final do ano letivo (tempo), os estudantes terminam com notas de 0 a 10 ou qualquer outra avaliação externa (variável). Muita atenção é dada a provas que medem como um estudante se compara a outro, mas devemos fazer algumas perguntas difíceis: essas provas estão ajudando as crianças a buscar seus sonhos? E se mudássemos para uma educação em que a qualidade é constante, e o tempo, variável? A principal medida do sucesso seria o esforço que os estudantes dedicam para alcançar cada etapa que leva à excelência, independentemente do tempo que vão levar para isso. Algumas crianças aprendem a andar aos 9 meses, outras, aos 14. O que importa é que todos andem, não o tempo que levam para aprender.

Isso significa que todo estudante será nota 10? Em nossas mentes, associamos excelência à nota 10, mas esse não deveria ser o caso. Cada indivíduo tem seu próprio nível de excelência. Quando se trata de educação, chegou a hora de excluirmos as notas numéricas do nosso vocabulário. Isso pode ser feito sem que deixemos de cumprir os requisitos do currículo. A avaliação deve ser personalizada, e cada estudante atinge seu próprio nível de excelência. Afinal, nunca ouvimos falar sobre *quantidade* de vida—algo como ter uma vida nota 10 em comparação com a vida de outra pessoa—, mas frequentemente falamos sobre *qualidade* de vida, isto é, ter uma vida extraordinária.

4. **Desenvolve a capacidade de cada pessoa de realizar uma autoavaliação consciente—o processo de metacognição.**

Estamos sempre avaliando tudo ao nosso redor. Neste momento, você está avaliando se estas ideias fazem ou não sentido para você. Talvez esteja pensando no jantar desta noite, em quem vai buscar as crianças depois do treino de futebol ou no relatório que tem de apresentar na reunião de amanhã. Essas avaliações nos permitem tomar decisões, sejam pequenas ou grandes. A avaliação consciente é um processo que nos permitirá aprender, tomar decisões, melhorar, ter autocrítica, ser autônomos e tantos outros benefícios que criam uma experiência de vida melhor. A autoavaliação expande nossa visão: deixamos de nos perguntar *por que* não podermos fazer alguma coisa e passamos a indagar *como* podemos realizá-la. Foi o que Alex Honnold fez a cada etapa da subida até chegar ao cume do El Capitán; ou Thomas Edison, que desenvolveu milhares de teorias e muitos experimentos fracassados antes de inventar a lâmpada.[57] Passamos de *pensar* que podemos ser e fazer a *saber* que podemos ser e fazer.

**5. Dá aos estudantes a liberdade de demonstrar o que aprenderam.**

Sempre que os estudantes conseguem relacionar o que aprenderam com algo de que gostam muito, fica mais fácil demonstrar o aprendizado. É como tentar falar um novo idioma e iniciar uma conversa nele. É muito mais fácil discutir assuntos instigantes para você! Em uma recente visita a uma escola, um estudante compartilhou comigo que ele aprendeu limites em matemática e relacionou isso com sua paixão, enumerando vários autores de psicologia e filosofia que discutiram como os seres humanos se limitam. Ele adora literatura e quer ser psicólogo.

Depois de escalar o El Capitán, Honnold contou que sentiu uma sensação de calma e liberdade enquanto subia. Biologicamente falando, isso significa uma boa dose de dopamina e endorfinas se espalhando por todo o corpo. A prática contínua e a autoavaliação de Honnold inibiram grandes quantidades de adrenalina, o que causaria estresse, e norepinefrina, que faria seu corpo se preparar para uma resposta de "lutar ou fugir" durante a escalada real. Qualquer desequilíbrio de norepinefrina ou epinefrina, e Honnold estaria morto.

A avaliação usada no século XXI desenvolve uma capacidade permanente de autoaperfeiçoamento contínuo, mantendo vivo o jogo infinito de viver uma vida excepcional. Se os estudantes praticarem esse jogo por 16.800 horas em seus anos escolares, eles farão o inimaginável na vida, como fez Alex Honnold.

## CAPÍTULO 9

# DESPERTANDO O GÊNIO INTERIOR

"De que serve ter barriga, se não há fogo nela?
Acorde, beba sua paixão, acenda esse
fogo e comece a trabalhar"

~Simon Sinek

Nos últimos 10 anos, minha empresa tem tido o privilégio de treinar, orientar e aconselhar secretarias de educação que estão realmente dedicadas a oferecer a melhor experiência de aprendizagem para seus estudantes, ajudando-os a desenvolver suas habilidades pessoais, intelectuais e socioemocionais. E me sinto honrada em compartilhar esse trabalho com você.

Agora, vamos falar sobre você e seus estudantes e sobre como você pode colocar em prática o que vou compartilhar nos próximos dois capítulos: seis passos simples que estimulam a aprendizagem no cérebro dos estudantes. E caso você esteja se perguntando: não, não é preciso ser um neurocientista para fazer com que esse sistema funcione. Você já tem o necessário, que é o desejo profundo de ajudar seus estudantes a aprender, e está prestes a descobrir a maneira mais rápida de possibilitar maior eficiência na aprendizagem. Com bastante consistência, os seis passos da Educação Relacional geram resultados incríveis para os milhares de educadores que, de modo estratégico, estão aproveitando tudo o que esses passos podem oferecer. Essa é uma forma poderosa de ajudar seus estudantes a realizar seu potencial!

Você se lembra da regra das 10.000 horas? Leva aproximadamente 10.000 horas para que alguém se torne um especialista em algo, desde que tenha um *feedback* adequado e constante durante cada etapa do processo. As crianças passam cerca de 16.800 horas sentadas, do jardim de infância ao ensino médio, esperando que alguém lhes diga o que fazer. O único *feedback* que recebem são as notas no final de cada trimestre, quando já não têm como fazer nada a respeito. O que podemos esperar desses estudantes quando chegarem à vida adulta? Claro, queremos que sejam criativos e proativos, que sigam seus sonhos e tenham sucesso na vida. No entanto, não fazemos com que pratiquem isso enquanto estão na escola. Então, eles se tornam especialistas em fazer o que lhes é ordenado, sem nenhum *feedback* direto e oportuno, e acabam acumulando muitas falhas ao longo dos anos!

É por isso que os estudantes estão entediados. Esta é a geração do agora e das experiências personalizadas: os MEUS amigos, o MEU Instagram, os MEUS tuítes para o mundo, a MINHA lista de músicas, os MEUS vídeos. É hora de personalizar a experiência de aprendizagem com algo que seja significativo para eles. Essa é a única maneira de engajar seus cérebros. A sala de aula tradicional já não serve a um propósito realmente valioso neste mundo de alta estimulação cerebral. Pedir aos estudantes que passem mais um dia ouvindo o falatório do professor e esperar que aprendam alguma coisa é como ir à academia, ver as pessoas se exercitando e achar que vai perder peso só por olhá-las.

Não me entenda mal. Eu sei que os líderes da área de educação estão cientes desse novo normal. Muitos estão trabalhando para encontrar soluções que engajem os estudantes. É por isso que têm surgido várias atividades extracurriculares, ocupando o resto do dia dos jovens, novos currículos, livros didáticos e uma infinidade de aplicativos para as escolas. O problema é que esses líderes esperam que os estudantes façam sozinhos a conexão entre tudo o que aprendem, mas sem lhes oferecer acesso a um processo transparente e sem ajudá-los a desenvolver um propósito ou significado próprios! Todas as novas metodologias exigem "mudanças significativas", novas tecnologias, novos ambientes de aprendizagem e assim por diante. Mas a mágica da aprendizagem não acontece por esses meios, pois tudo o que esses líderes estão tentando fomentar com recursos externos já está dentro de seus estudantes.

As diferenças socioeconômicas surgem quando condicionamos a aprendizagem aos recursos externos e ao ambiente. Então, sempre haverá dois grupos: os que têm e os que não têm. A equidade na educação nasce quando partimos de algo comum a todos os estudantes: um cérebro. Em nossa pesquisa, descobrimos que fatores ambientais e recursos como tecnologia, laboratórios ou livros didáticos específicos podem ajudar a acelerar a aprendizagem. Porém, usá-los sem um processo que oriente as crianças e os educadores sobre como aprender faz com que eles se tornem inúteis.

Nossa pesquisa mostra que, independentemente dos recursos disponíveis, quando o cérebro está comprometido em executar ou aprender alguma coisa, ele encontrará uma maneira de fazê-lo. Foi assim que Katia e Maria, duas estudantes do 7º ano de uma escola rural com a qual trabalhamos, conseguiram estudar música em Londres, embora, inicialmente, não tivessem os recursos econômicos adequados para isso.

Agora você sabe que, para realmente personalizar a experiência de aprendizagem dos seus estudantes, é preciso, primeiro, entender como o sistema de aprendizagem funciona no cérebro. Professores bem-sucedidos sabem como o cérebro dos estudantes funciona e estão equipados com as habilidades necessárias para fomentar nesses jovens a motivação intrínseca para aprender. Não faz sentido que você fique às cegas em seus esforços para ajudar cada estudante, indo ao limite de sua capacidade de ensinar. Também não há motivos para você ter que adivinhar as melhores estratégias para cada um e esperar que seus estudantes aprendam. Você precisa seguir em frente sabendo exatamente o que fazer, sem ter que adivinhar nada.

## ~ O FUNDAMENTO NEUROLÓGICO DA EDUCAÇÃO RELACIONAL ~

Nos capítulos anteriores, começamos a entender como a aprendizagem funciona no cérebro humano. Agora, vou mostrar maneiras concretas de explorar a inteligência biológica dos seus estudantes. Neste e nos próximos capítulos, vamos nos aprofundar em cada um dos seis passos da Educação Relacional. Você verá um esquema fácil de usar e com tudo de que precisa para começar a criar uma experiência realmente personalizada para seus estudantes e desenvolver neles a autonomia da aprendizagem. Primeiro, vamos ver como permitir que seus estudantes aprendam com eficiência e desenvolvam habilidades socioemocionais essenciais por meio de um único processo. Quando você entender essa parte, vamos explorar estratégias para cada um dos seis passos da Educação Relacional, que guiarão os estudantes de forma consistente para o sucesso acadêmico e pessoal.

A Educação Relacional é uma combinação de várias estratégias e práticas baseadas em pesquisas comprovadas que tem como objetivo ajudar o estudante a melhorar seu desempenho acadêmico, seu comportamento social e seu envolvimento tanto na escola como na comunidade.[58] A pesquisa cognitiva mostra que os programas educacionais devem desafiar os estudantes a vincular, conectar e integrar ideias, sempre levando em consideração suas percepções dos problemas do mundo real.[59]

A Educação Relacional coloca o estudante no centro do processo, como um aprendiz ativo, ao invés de passivo,[60] e mais capaz de assumir responsabilidade.[61] Por meio de reuniões individuais regulares, nas quais estudante e professor refletem juntos sobre o progresso da aprendizagem, os educadores podem personalizar o caminho de cada um. O *feedback* é um meio vital para se abordar o conhecimento prévio e desenvolver competências de aprendizagem.[62]

Ao interagir de maneira regular e individualizada com os estudantes, os educadores identificam formas adequadas de abordar o processo cognitivo deles e explorar estilos de aprendizagem e inteligências múltiplas. A prioridade da Educação Relacional é que os estudantes acessem e integrem diferentes modos de aprender para aumentar as oportunidades de acessar e reter novos conhecimentos.[63] Como, na Educação Relacional, os estudantes também são os árbitros de sua aprendizagem, as escolhas deles exigirão pensamento crítico, tomada de decisão, reflexão e ação.[64]

Nas últimas seis décadas, acadêmicos pesquisaram e concluíram que o um a um é a melhor abordagem educacional.[65] A metodologia deve se adaptar aos estudantes e permitir que trabalhem em seu **próprio ritmo de aprendizagem**. A autonomia de aprendizagem é um princípio básico para motivá-los a buscar informações de forma independente, desenvolver conjuntos de habilidades que, posteriormente, eles poderão aplicar para o autodidatismo, gerar uma capacidade inata de assumir tarefas, tornar-se responsáveis por sua própria aprendizagem e determinar a direção em que gostariam de seguir.[66]

A Educação Relacional dá suporte à área de conhecimento construída pela teoria da aprendizagem significativa, do pesquisador educacional Dr. David Ausubel[67], e por pesquisas bem conhecidas sobre aprendizagem baseadas na experiência e na avaliação do Dr. Robert Marzano, da Dra.

Debra Pickering e da Dra. Jane Pollock.[68] A Educação Relacional revela a capacidade do indivíduo de aprender e compreender o mundo usando suas próprias habilidades.

## ~ DESENVOLVENDO A AUTONOMIA DE APRENDIZAGEM ~

Desenvolver autonomia de aprendizagem significa desenvolver habilidades múltiplas por meio de um passo a passo preciso de desenvolvimento de competências. A aquisição de habilidades é a ação de converter o conhecimento declarativo explícito em conhecimento procedimental implícito. Este último é o processo de juntar as partes aprendidas e transformar a habilidade em uma ação automática ou em um hábito.

Os psicólogos Dr. Paul Fitts e Dr. Mike Posner,[69] da Universidade de Michigan, definiram três estágios de aquisição de habilidades, descritos a seguir. Embora seu estudo esteja relacionado ao desempenho físico humano, descobrimos que também se aplica à inteligência biológica, como exploraremos em detalhes mais adiante neste capítulo.

I. **Estágio cognitivo:** é o estágio de conhecimento explícito e declarativo, em que o aprendizado acontece no lobo frontal direito por meio da leitura, pensamento, processamento de informações etc. Uma vez que os estudantes entendam o propósito de aprender a habilidade, eles serão motivados a praticar as instruções de forma consciente e deliberada. Este estágio requer atenção e foco na execução de cada parte da tarefa, pois a prática deliberada pode tirá-los da sua zona de conforto.

    Para desenvolver a autonomia de aprendizagem, o primeiro passo é cultivar as capacidades de **definir e planejar metas**. Os estudantes aprendem a ser específicos em seus objetivos, a definir métricas alcançáveis e mensuráveis e a planejar tarefas específicas para atingir cada objetivo. Depois, põem isso em prática repetidamente, observando como estão se saindo e corrigindo-se sempre que necessário, com o apoio dos educadores. O segundo passo é **explorar** o conhecimento anterior para fomentar as conexões neuronais adequadas no cérebro: "células que disparam juntas permanecerão conectadas". O terceiro passo neste estágio cognitivo é **pesquisar** o novo conhecimento e processar o que foi aprendido. Encontrar informações específicas é importante porque ajuda os estudantes a se concentrar no assunto e traduzir novos conhecimentos para uma linguagem prática e que eles tenham facilidade em entender.

2. **Estágio associativo:** trata da prática deliberada do novo conhecimento. Nesse momento, estudante pode precisar de orientação para revisitar a pesquisa e concluir as atividades. Continuando com o exemplo acima, por alguns dias, os estudantes perceberão uma melhora significativa em estabelecer metas e planejar, até que alcancem um platô. Então, os educadores avaliarão possíveis pontos a serem melhorados e orientarão os estudantes para o desenvolvimento contínuo, até que dominem cada habilidade. No estágio associativo, os educadores fornecem *feedbacks* aos estudantes para que façam pequenos ajustes, o que os ajuda a melhorar suas habilidades e, gradualmente, eliminar os erros.

   Essa repetição pautada por *feedbacks* leva à excelência. Depois de décadas observando nadadores olímpicos, o Dr. Daniel Chambliss, professor de sociologia do Hamilton College, reuniu dados que mostraram que "algo feito de forma consistente e correta produzirá excelência", conforme ele escreveu no artigo *The Mundanity of Excellence* (*A Banalidade da Excelência*, sem tradução para o português). "Não é nada mais do que um ato banal. As realizações humanas mais deslumbrantes são um conjunto de incontáveis elementos individuais, cada um dos quais, em essência, simples."[70] O estudante deve se sentir confortável com a prática de uma habilidade, cometer erros e repetir o processo até que cada passo seja impecável segundo seus próprios critérios. A excelência, então, é uma série de sucessos praticados sistematicamente. Disciplina é ter consistência para praticar algo todos os dias até que se alcance o domínio. A disciplina pesa gramas, enquanto o arrependimento pesa toneladas. Michael Phelps não ganhou vinte e três medalhas olímpicas de ouro em sua carreira como nadador só porque queria, mas porque teve a disciplina para praticar e melhorar um pouco a cada dia, até alcançar a excelência.

O papel do educador é fundamental nesta fase. O Dr. Anders Ericsson, da Universidade Estadual da Flórida, descobriu em sua pesquisa que o *feedback* imediato é a ação mais crucial para orientar a prática até o domínio. Desejo e trabalho árduo por si só não levarão a um melhor desempenho. Somente a prática correta e deliberada, realizada com tempo suficiente e com *feedbacks* adequados, é que levará ao aprimoramento e ao domínio. Praticar de maneira deliberada significa definir metas amplas, avaliar os resultados e encontrar maneiras de melhorar. À medida que o desempenho dos estudantes evolui, também aumentam a autoeficácia e a confiança deles em suas habilidades, o que, por sua vez, leva ao crescimento da motivação intrínseca.

Existem três passos importantes no desenvolvimento da autonomia de aprendizagem durante este estágio. O primeiro é **praticar**, quando os estudantes internalizam o que aprenderam por meio de exercícios, jogos, projetos, ensaios, vídeos e assim por diante. O segundo é **relacionar** o novo conhecimento com suas vidas. Tudo o que eles aprendem tem uma aplicação real, e os próprios estudantes devem ser capazes de encontrar essa aplicação. O terceiro passo é **avaliar a si mesmo** continuamente, refletindo sobre seus raciocínios e ações e usando as conclusões para se aprimorar. Essa autoavaliação, ou processo de metacognição, é feita em todos os três passos, como um *feedback* pessoal sobre o próprio progresso.

3.  **Estágio autônomo:** neste estágio, o estudante pode executar uma habilidade sem esforço. A habilidade já está "gravada" no cérebro e, assim, integra o estudante como um hábito. Provavelmente, é aqui que você está ao dirigir um carro ou andar de bicicleta: nem precisa pensar em como executar essas ações. Como sabe fazê-las, você simplesmente as faz. Na verdade, pensar nelas pode até inibir a sua capacidade de executá-las. Quando os estudantes chegam a este estágio de desenvolvimento de habilidades, muitas ações se tornam inatas para eles: encontrar significado no que aprendem, saber do que são capazes, definir metas desafiadoras e alcançáveis, desenvolver estratégias para atingir esses objetivos, seguir um determinado processo de aprendizagem para aprender qualquer coisa com base em um propósito, avaliar seu próprio progresso e aplicar o que aprenderam em suas vidas. É disso que se trata a aprendizagem ao longo da vida. Nesta era de constante mudança, a melhor habilidade que podemos ajudar os estudantes a desenvolver é a capacidade de se transformar em um ritmo condizente com o mundo.

Quando aplicada sistematicamente, a Educação Relacional usa a mecânica natural do cérebro para fazer a aprendizagem acontecer. Com esses passos, você ajuda seus estudantes a desenvolver motivação intrínseca e descobrir o que torna sua contribuição única e valiosa para o mundo. A prática contínua levará à excelência. Os estudantes acreditarão tanto em si mesmos que saberão que podem realizar qualquer coisa.

No primeiro passo, os educadores apoiam os estudantes em uma jornada de autodescoberta contínua, para que eles desenvolvam motivação intrínseca. O passo seguinte é o momento em que os educadores fomentam a aprendizagem autônoma enquanto orientam os estudantes no desenvolvimento de seus próprios potenciais. A nossa proposta é que, em vez de currículo e conteúdo, a educação se concentre no desenvolvimento e na realização humana.

Imagine que você tenha 100% de seus estudantes empolgados com a aprendizagem, prontos para explorar o próximo tópico, capacitados para encontrar significado e valor no que estão aprendendo e vendo claramente a ligação entre os novos conhecimentos e suas vidas. Não seria fantástico? O sonho de um professor se tornando realidade? Infelizmente, não é isso o que está acontecendo nas salas de aula em geral. Os estudantes estão mais descomprometidos e distraídos do que nunca. Eles têm mais de 70.000 pensamentos por dia, e o mais provável é que nenhum esteja relacionado ao que você lhes ensinou menos de dois minutos atrás.

Então, como engajar os estudantes completamente? Você está prestes a descobrir como milhares de educadores estão usando o poder interno de cada um para eliminar as distrações e as dificuldades em aprender. O primeiro passo é entender o funcionamento do sistema de aprendizagem do cérebro, conforme discutimos no Capítulo 5. Quando os estudantes aprendem algo que os empolga, seus cérebros liberam a quantidade certa de dopamina e de endorfinas, o que cria um forte vínculo entre os neurônios do cérebro. Eles aprenderam algo em que veem valor!

Lembrando o que falamos nos capítulos anteriores, quando os estudantes estão estressados por causa da próxima prova, ou entediados porque algo parece não fazer sentido, seus cérebros liberam epinefrina, que é o neurotransmissor de "lutar ou fugir", relacionado ao estresse. Isso os leva a se desconectar. Essa é a reação típica quando pedimos que os estudantes memorizem algo e, depois, regurgitem aquelas informações. Eles estão subutilizando seus cérebros e não encontram nenhum significado ou valor na matéria. A ciência mostra: quanto mais entusiasmados estivermos com o novo conhecimento, mais fortes serão as conexões neuronais. É como Hebb observou na famosa frase: "Células que disparam juntas permanecerão conectadas".

Aqui temos um exemplo para ilustrar como é fácil entender um novo tópico usando conhecimentos anteriores. Vamos supor que você saiba muito pouco sobre inteligência artificial. Se eu quiser lhe explicar como funciona, vou fazê-lo mais ou menos assim: "A IA fornece um resultado específico após a análise de dados por meio de algoritmos, que são procedimentos com um número finito de passos, frequentemente envolvendo a repetição de uma operação. É como fazer um bolo: os dados são seus ingredientes, e o algoritmo é a sua receita. Siga a receita usando os ingredientes necessários ou, no caso da IA, execute o algoritmo usando os dados, e você terá um bolo delicioso". Agora, da próxima vez que alguém lhe pedir para definir a inteligência artificial, você pode explicá-la com a metáfora do bolo. Você aprendeu esse novo conceito rapidamente porque o vinculamos a uma rede neuronal que você já possui.

O segredo para ativar a aprendizagem é usar a estratégia certa para estimular os neurotransmissores certos. Isso é importante porque, dos mais de 70.000 pensamentos que temos por dia, cerca de 90% são sobre o passado, o que nos leva a escolhas, comportamentos e emoções que já conhecemos.[71] Se não prestarmos atenção, a probabilidade de esses pensamentos se inclinarem para maus hábitos é muito alta, especialmente quando não há estímulos cerebrais adequados. A única maneira de mudar essa situação é aprender algo novo, que nos dê uma nova perspectiva.

Então, podemos agir com um objetivo específico em mente e trabalhar até atingir esse objetivo. Quando agimos assim, desenvolvemos, ao mesmo tempo, habilidades tanto cognitivas como socioemocionais.

A propósito, isso também explica por que dar suspensões a estudantes da escola é algo inútil. A punição não vai melhorar as escolhas, comportamentos e emoções deles, nem ajudá-los a aprender algo que os empolgue. O que descobrimos é que usar a Educação Relacional ajuda a entusiasmar o estudante com relação ao estudo do currículo obrigatório da escola.

Então, vamos concluir a discussão da neurociência da aprendizagem. O cérebro é a ferramenta mais poderosa do universo. Ele "fala" conosco o tempo todo, conduzindo nossas ações sem sequer pensarmos, muitas vezes por meio de hábitos. Essa é a razão pela qual você pode andar de bicicleta mesmo que tenha deixado de fazê-lo muitos anos atrás. Como educadores, nosso objetivo é ajudar os estudantes a promover o desenvolvimento cognitivo e socioemocional e usar seus cérebros com sabedoria, criando hábitos excepcionais.

Agora você entende que seus estudantes já têm o que é preciso: um cérebro.

## ~ UM LEMBRETE: A IMPORTÂNCIA DOS HÁBITOS ~

O uso eficaz de nossos cérebros é a mina de ouro da chamada Era do Conhecimento. O cérebro realmente adora hábitos e é incapaz de diferenciar entre os bons e os ruins. Isso ocorre porque um hábito usa menos energia mental, reduzindo a quantidade necessária de decisões a serem tomadas de um momento para outro. Os hábitos são uma ferramenta de preservação que tem nos servido bem por milênios. Para os estudantes, os bons hábitos são aliados fundamentais para o sucesso, enquanto os maus hábitos os impedem de atingir todo o seu potencial. Para produzir resultados de aprendizagem eficazes, devemos criar hábitos excepcionais.

## ~ INTRODUÇÃO À EDUCAÇÃO RELACIONAL ~

Agora estamos prontos para conhecer os seis passos da Educação Relacional e como eles permitem que seus estudantes aprendam com eficácia a partir de amanhã mesmo. Basta construir seus roteiros de aprendizagem usando esse sistema e observar os cérebros trabalhando! Os professores usam os seis passos para decompor o processo de aprendizagem, e os estudantes, percebendo que podem aprender qualquer coisa a partir disso, começarão a reconhecer oportunidades de dominar novas habilidades e formar bons hábitos. Resultados excelentes se tornam uma consequência previsível quando os estudantes começam a aprender usando esse sistema.

Estes são os seis passos da Educação Relacional:

1. Definir e planejar metas

2. Explorar

3. Pesquisar

4. Praticar

5. Relacionar

6. Autoavaliar

Agora, vamos explorar cada passo com mais profundidade.

## PASSO 1: DEFINIR E PLANEJAR METAS

Já reparou que, sempre que quer fazer algo grande, você cria um plano para essa empreitada? Os primeiros passos para ativar a aprendizagem são estabelecer e planejar metas adequadamente. Os estudantes aprendem a ser específicos ao definir seus objetivos, escolher métricas alcançáveis e mensuráveis e planejar tarefas específicas para atingir cada objetivo. Em seguida, eles praticam repetidamente enquanto observam como se saem e corrigem o curso sempre que necessário, tudo com o apoio de educadores.

Isso é importante porque o planejamento diário desenvolve responsabilidade, organização, eficácia no trabalho, tomada de decisões por meio de priorização, a habilidade de definição de metas e a capacidade de prestar contas do que se fez. O planejamento melhora a autorregulação do desempenho e o monitoramento individual de ações específicas que sejam necessárias para o atingimento das metas também específicas. Todas essas competências se traduzem em perseverança e, consequentemente, autonomia.

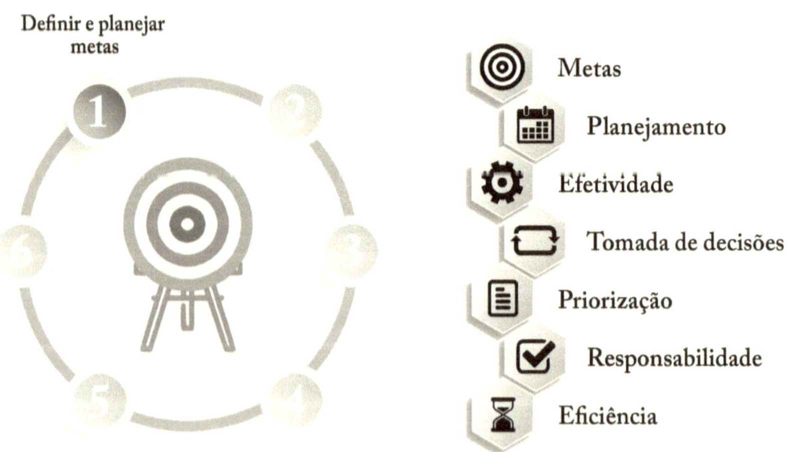


**Figura 9.1. Passo 1: Definir e planejar metas e habilidades desenvolvidas**

Quando os estudantes definem metas e as planejam, são forçados a declarar uma intenção. Pesquisas descobriram que enunciar intenções claras e objetivos alcançáveis aumenta a chance de realização em duas a três vezes.[72]

Por exemplo, digamos que você queira se tornar um corredor. Se você disser: "Quero me tornar um corredor" sem um plano específico, pode demorar um pouco para que isso aconteça, SE acontecer. Mas suas chances de atingir sua meta de corrida serão duas a três vezes maiores se, em vez disso, você disser: "Vou começar com 30 minutos de caminhada rápida, às seis da manhã de todos os dias, durante uma semana. Na semana seguinte, também às 6 da manhã de todos os dias, alternando corrida por um minuto e caminhada por cinco. Nas semanas seguintes, continuarei aumentando meus minutos de corrida até poder correr por 30 minutos. Então, vou definir novas metas e criar um outro plano".

A parte de executar um plano é onde a mágica acontece. Quanto mais horas você pratica algo, melhor será em sua execução. Consistência significa começar e terminar aquilo a que você se propôs. Metas razoáveis e pequenas ajudarão na perseverança. Cada ação reforçará a sua visão de quem você deseja se tornar. Portanto, embora estabelecer metas e planejar pareça tão simples, tem um impacto profundo na vida dos estudantes. O objetivo não é mais correr uma maratona, mas se tornar um corredor. O objetivo não é mais aprender uma matéria, mas usar um conhecimento que tem significado e propósito alinhados aos objetivos de vida do estudante. Isso traz uma liberação considerável de dopamina no cérebro, criada pela expectativa de um resultado desejável.

O processo é o mesmo com crianças que ainda não sabem ler ou escrever. Em vez de escrever seus objetivos diários, elas os desenham. As crianças mais novas são artistas naturais! Os estudantes entendem do que são capazes e buscarão quaisquer objetivos que estabelecerem para si mesmos. Imagine se você e eu tivéssemos tido a chance de aprender esse processo na escola. Poderíamos seguir aquela dieta até o fim e nos exercitar com mais frequência, sem nunca recorrer a desculpas esfarrapadas como "o trabalho anda muito pesado" ou "estou sem tempo". Essas justificativas lhe soam familiares?

À medida que os estudantes ganham autonomia, eles começam a planejar a semana, o mês, o ano e, depois, suas vidas. Você se lembra do plano de Jonathan de completar uma série completa em oito meses? Ou da decisão de Katia e Maria de estudar música em Londres? Esses exemplos são a realização desta primeira etapa. Definir e planejar metas desenvolvem a motivação intrínseca à medida que os estudantes descobrem o quanto eles podem se esforçar e até onde podem ir. É como navegar: embora o vento sopre em uma direção, o marinheiro pode ir a qualquer lugar, pois sabe posicionar a vela. Independentemente das circunstâncias, entendendo o processo e fazendo o planejamento adequado, o velejador chegará ao seu destino.

Os estudantes aprendem a visualizar recompensas futuras no momento presente, pois essas recompensas estão alinhadas com seus objetivos pessoais. Eles apreciam a experiência de aprendizagem quando encontram significado e propósito nas tarefas que têm pela frente, pois entendem que são capazes de fazer aquilo a que se propuseram. Para começar com este passo, simplesmente compartilhe com seus estudantes as atividades que eles desenvolverão durante o dia e permita que decidam como abordá-las enquanto grupo. Então, depois de uma ou duas semanas de prática, motive cada estudante a definir sua própria meta pessoal, independentemente dos outros.

Na Educação Relacional, são seus estudantes que planejam, não você. Quanto mais você "delega" essas tarefas e permite que eles tomem suas próprias decisões, mais eles ficarão comprometidos e motivados, e mais você os estará preparando para a vida. Seu trabalho passa a ser orientá-los para que alcancem os objetivos que estabeleceram para si mesmos. Com a prática contínua por mais de 10.000 horas, você verá como este primeiro passo é valioso para você e seus estudantes.

## PASSO 2: EXPLORAR

Este passo é muito simples e, ao mesmo tempo, muito poderoso, além de ser uma das principais diferenças entre o professor mediano e o professor eficaz. Nele, peça a seus estudantes que reflitam sobre o tema e compartilhem os conhecimentos que já tinham sobre a matéria. Experiências pessoais, cotidiano, expectativas, perguntas, dúvidas e curiosidades tornam-se o ponto de partida nessa exploração.

Incentivar os estudantes a explorar os ajuda a conectar o conhecimento anterior com o novo e acelera consideravelmente a aprendizagem. Como disse Hebb: "Células que disparam juntas permanecerão conectadas". Este segundo passo desenvolve a capacidade dos estudantes de encontrar significado, identificar o propósito, desenvolver a autoconsciência e explorar o conhecimento que já têm.

Marco, de 13 anos, nunca gostou de biologia, mas, um dia, ele estava feliz em me explicar como o sistema digestivo funciona a partir da imagem de um carro, algo pelo qual ele tem uma verdadeira paixão: comida é gasolina, o motor é o sistema digestivo e assim por diante. Ele adora carros e explora todas as suas peculiaridades sempre que pode. É inegável que entendeu completamente a matéria ao vincular os novos conhecimentos àquilo que já sabia sobre automóveis!

O que torna a Educação Relacional tão diferente é isto: como educador, você pede ao estudante que comece da prática e do conhecimento que ele já tem, em vez de partir de um lugar totalmente novo e que exija a formação de conexões neuronais completamente novas. Seus estudantes são como sementes: o que eles tiverem dentro de si é o que crescerá. Você só pode esperar que uma semente de maçã lhe dê maçãs e uma semente de laranja lhe dê laranjas. Quem tenta cultivar maçãs plantando sementes de laranja só vai colher frustração.

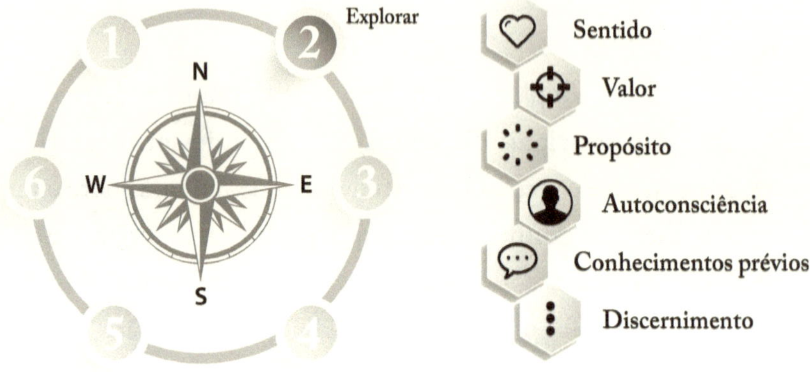


**Figura 9.2. Passo 2: Explorar e as habilidades desenvolvidas**

Por onde começar quando se está trabalhando com uma semente que já existe? Os estudantes podem responder a uma pergunta contextualizada ou formular hipóteses sobre o que aprenderão e alcançarão nesse roteiro. Por exemplo, digamos que você esteja ensinando a história da música. As perguntas exploratórias típicas incluem: Qual é o seu gênero musical favorito? Quem foi o primeiro nesse gênero? Por quê? Você consegue associar um cantor ou uma banda a cada estilo existente? No início, você pode obter a resposta típica: "Não sei". Mas, com a prática, os estudantes perceberão que sabem muito e que só precisam ligar os pontos! A curiosidade florescerá à medida que eles alinharem suas experiências pessoais com o que está sendo aprendido.

## PASSO 3: PESQUISAR

Anna, de 14 anos, nunca gostou de ler. Ela preferia música—rap, para ser mais precisa. Sempre que chegava a hora de ler, ela revirava os olhos e pousava a cabeça na mesa, em total desespero. Quando seus professores lhe disseram que era possível usar o rap para pesquisar disciplinas escolares, ela não sabia como era possível fazê-lo, mas adorou a ideia, e sua professora a ajudou a encontrar o caminho. Aos poucos, Anna descobriu, na música que amava, a resposta para o aprendizado. Para resumir o que aprendeu, ela até compôs seu próprio rap.

Nesta etapa, seus estudantes pesquisam novas informações sobre o roteiro de aprendizagem por meio de uma ampla variedade de recursos. Isso pode incluir livros e relatórios impressos, audiolivros, vídeos, entrevistas e até rap! Pesquisar novas informações leva ao desenvolvimento de uma base de conhecimento pessoal que pode, então, ser refletida em um quadro organizador ou um mapa conceitual, a ser criado pelos estudantes. Veja mais detalhes no Capítulo 11.

A pesquisa é algo tão simples e, ao mesmo tempo, tão poderoso! Quando os professores simplesmente fornecem todas as respostas, os estudantes são condicionados a sempre esperar que alguém saiba a resposta e a querer uma solução imediata para todos os seus problemas. Se forem aprenderem a se portar dessa forma ao longo de seus anos escolares, eles se tornarão especialistas em esperar respostas de outra pessoa, como um empregador, um membro da família ou o governo. Essas expectativas podem fazer com que desistam rapidamente, caso seja muito trabalhoso encontrar a resposta, e levá-los a frustrações na vida adulta—assim como à conclusão de que a vida é injusta.

À medida que os estudantes desenvolvem habilidades de pesquisa, eles também se sentem mais confortáveis com o processo de investigação e exercitam o pensamento crítico, a leitura, a compreensão e o discernimento. Abençoadas sejam as 10.000 horas de prática contínua! Acima de tudo, enquanto fazem suas próprias pesquisas, eles descobrem que o conhecimento está disponível e pode ser explorado. Dezenas de milhares de estudantes com os quais trabalhamos relataram que este é o passo de que mais gostam, porque faz com que seus cérebros funcionem.

Para começar a pesquisa, forneça recursos em que os estudantes possam se basear para aprender mais sobre o roteiro específico. Dê a eles tudo o que você tiver disponível, como livros, artigos, uma página da web, um vídeo, uma revista e assim por diante. Em seguida, forneça uma estrutura que eles possam usar para sintetizar as informações que encontrarem. Mais tarde, você aprenderá a personalizar a experiência de aprendizagem de seus estudantes com estratégias específicas e a permitir que eles encontrem seus próprios recursos.

**Figura 9.3. Passo 3: Pesquisar e habilidades desenvolvidas**

Para que você se sinta confiante de estar fazendo tudo certo, o melhor é introduzir estas práticas aos poucos. Agora, como já discutimos bastante coisa, vou dar uma breve pausa na apresentação dos passos e lhe mostrar quais habilidades seus estudantes vão desenvolver ao seguir cada um dos que vimos até aqui. Também daremos uma olhada em algumas armadilhas que você deve evitar no processo de adoção da Educação Relacional. Os passos 4 a 6 serão detalhados no Capítulo 10.

## ~ APRENDIZAGEM COGNITIVA E SOCIOEMOCIONAL EM SIMBIOSE ~

Você percebeu como os estudantes aprendem o conteúdo enquanto desenvolvem habilidades cognitivas e socioemocionais importantes? Elas estão intrinsecamente relacionadas e são praticadas por meio da Educação Relacional.

Aqui vai um rápido resumo:

**Passo 1: Definir e planejar metas** ajuda o estudante a desenvolver:

- a habilidade de definir metas diárias e precisas, com métricas claras;

- habilidades de planejamento, ao ser capaz de distribuir tarefas ao longo do dia;

- organização, ao identificar os recursos necessários para a execução de um plano;

- eficácia no trabalho, à medida que o realiza;

- tomada de decisão por meio da priorização, ao ter acesso a uma visão geral do que precisa ser feito e, então, priorizar e decidir quando fazer o quê;

- responsabilidade, ao assumir o compromisso de cumprir o que combinou;

* confiança, ao saber que pode entregar as atividades planejadas dentro de um determinado prazo;

* autorregulação, porque está comprometido com realizar a entrega em um determinado período de tempo;

* habilidades de autogestão, ao estar ciente da tarefa que deve cumprir, assim como do cronograma que definiu para si mesmo;

* autoestima, ao entender que é capaz de realizar aquilo a que se propôs; e

* autonomia, à medida que se responsabiliza pelo processo de aprendizagem.

**Passo 2: Explorar** desenvolve a capacidade de cada estudante para:

* encontrar significado e valor naquilo que está aprendendo, pois conecta o conhecimento anterior ao novo conhecimento;

* identificar o propósito do conhecimento, ao agregar novos conhecimentos ao que já sabe;

* desenvolver a autoconsciência, à medida que explora conhecimentos anteriores; e

* explorar o conhecimento anterior e descobrir que já sabe mais do que imaginava.

**Passo 3: Pesquisar** ajuda o estudante a desenvolver:

* habilidades de investigação, quando aprende a fazer perguntas para adquirir os recursos adequados;

* pensamento crítico, ao avaliar constantemente se as novas informações que encontra fazem sentido;

* leitura e compreensão, porque deve ler e registrar suas conclusões em um quadro organizador ou em um mapa conceitual;

* discernimento, à medida que aprende a avaliar quais recursos de pesquisa são confiáveis; e

* a capacidade de identificar recursos úteis, pois acabará por encontrar os seus próprios recursos, além dos fornecidos pelos professores.

Devido a alguns minutos de falta de oxigênio em seu cérebro durante o parto, Pedro foi diagnosticado com dificuldades de aprendizagem desde o dia em que nasceu. Frequentando uma escola "normal", já que não havia opções com programas de educação especial na região, o menino crescia com muita dependência da mãe e da irmã—para se vestir, comer, ir à escola, fazer o dever de casa etc. Começamos a trabalhar com sua escola quando ele estava no sexto ano. Seu desenvolvimento cognitivo estava atrasado, e ele só conseguia completar cerca de 20% do currículo de cada ano escolar, com envolvimento mínimo ou nenhum.

Quando aprenderam e começaram a usar a Educação Relacional, os professores de Pedro deram início a uma mudança gradual de foco, passando do currículo para o processo de aprendizagem. O garoto começou a aprender a planejar, a explorar seu conhecimento anterior, a pesquisar e a entender o que estava lendo. Ele levou cerca de dois anos de prática para usar esses passos até criar um hábito no processo de aprendizagem, enquanto seus colegas conseguiram fazer isso em cerca de três meses. Mesmo assim, os professores respeitaram seu ritmo único de aprendizado. Hoje, Pedro aprende de forma autônoma, com intervenção mínima de seus professores. Ele é mais social, pois agora está ciente de suas capacidades e já não se compara aos outros. Sua mãe fica maravilhada de felicidade, pois seu filho chega em casa com todos os deveres escolares feitos. Ele até contribui nas tarefas domésticas e não precisa mais da mãe e da irmã para ajudá-lo a se vestir, comer ou fazer qualquer outra coisa. Pedro é claramente capaz de ter sucesso em sua vida, independentemente de como alguém o rotulou lá atrás. "Agora sou independente", disse ele sobre si mesmo, aos 16 anos.

## ~ ARMADILHAS A SEREM EVITADAS ~

Agora, como já mencionei, minha empresa trabalha com milhares de professores todos os anos. Tivemos a oportunidade de testemunhar, em primeira mão, algumas histórias de sucesso de professores comuns, que passaram daquela luta para ajudar um só estudante a aprender até o ponto de alcançarem um progresso significativo com todos eles. E também vimos o que impede outros professores de ajudar seus estudantes a alcançar o nível de sucesso que desejam. Quero alertar você sobre essas armadilhas, para evitar que fique preso nelas.

1.  Concluir que seus estudantes não conseguem completar esses passos porque você não vê resultados no curto prazo.

    Nas primeiras vezes que seus estudantes planejarem e definirem metas, explorarem seus conhecimentos anteriores e fizerem suas próprias pesquisas, talvez eles demandem muito do seu apoio. Não pense que eles são incapazes de realizar esses passos, seja porque são muito jovens ou porque lhe parece que não estão se esforçando. Lembre-se de que é tudo novo para eles. Com a prática, o processo se tornará natural. Quanto mais jovens eles forem quando aprenderem os seis passos, melhor. Se ainda não sabem ler e escrever, podem planejar, explorar seus conhecimentos e pesquisar por meio de desenhos. Lembra quando você aprendeu a andar de bicicleta? Aqui, usamos o mesmo conceito! Você *sabe* que pode andar de bicicleta ou você *acha* que pode?

Permita que seus estudantes pratiquem essas habilidades todos os dias e verá os resultados com o tempo. Lembre-se de que eles são diferentes uns dos outros, e alguns aprenderão mais rapidamente, mas todos conseguem fazê-lo. Acredite em mim, é isso que a minha equipe e eu vivenciamos em nosso trabalho com milhares de professores.

2. Acreditar que você só pode dar atenção pessoal aos estudantes quando trabalha com um grupo pequeno.

Isso só é verdade se você insistir em usar as mesmas práticas tradicionais de ensino para a turma. Com a Educação Relacional, você pode começar trabalhando com o grupo até que eles entendam como cada passo funciona, e então os verá tomando a iniciativa de seguir os passos por conta própria. Eles desenvolverão o hábito de seguir esses passos para aprender qualquer coisa. Seu papel começará a mudar de professor para orientador, e você será capaz de dar a cada estudante a atenção necessária. Como eles estarão em diferentes estágios de aprendizagem ao longo de um determinado dia, alguns precisarão da sua orientação, enquanto outros trabalharão por conta própria. Isso significa que, a cada encontro, você precisará orientar alguns de seus estudantes, mas não terá que apoiar todos eles todos os dias.

3.  Pensar que seus períodos de aula são muito curtos para usar a Educação Relacional.

    Sua aula tem 50 minutos de duração, e você deve apresentar um conteúdo específico nesse período. Pode parecer que não há tempo suficiente para cobrir tudo o que deve ser abordado, muito menos para permitir que os estudantes façam isso usando a Educação Relacional. Mas você pode realizar tudo o que você e seus estudantes precisam no tempo que têm. É uma questão de prática.

    Lembra da primeira vez que você preparou um jantar? Foi um enorme esforço medir a quantidade de cada ingrediente e ter certeza de que nada estava queimando enquanto verificava a receita várias vezes. Mas, depois de praticar por um tempo, você passou a cozinhar sem nem mesmo pensar no que está fazendo.

    Seus estudantes passarão pelo mesmo processo. Depois que praticarem planejar, explorar o conhecimento anterior e pesquisar continuamente, vai chegar um momento em que nem precisarão de apoio. O desenvolvimento da autonomia dos seus estudantes ocorrerá bem na sua frente, e vocês farão mais em 50 minutos do que jamais imaginaram. Só para explicar melhor, 37% dos estudantes que usam a Educação Relacional para aprender terminam um ano completo em sete meses. No fim, os professores acabam aumentando o conteúdo e as atividades, porque os estudantes aprendem muito rápido!

4.  Concluir que os estudantes que têm dificuldades em uma matéria são incapazes de tomar decisões sobre a própria aprendizagem.

    Quando algum dos seus estudantes tem dificuldade em um assunto, é provável que você pense em intervir e assumir o processo de aprendizagem, em vez de deixar que ele continue seguindo os seis passos da Educação Relacional. Não faça isso! Deixar que eles se virem para resolver as dificuldades pode parecer absurdo, algo fora da sua zona de conforto, mas reforço que dá para agir assim. Já vimos isso acontecer com vários professores!

Quanto ao fato de seus estudantes terem dificuldades na sua matéria, descobrimos que, por causa das lacunas de aprendizagem ao longo dos anos, eles não estão interessados em explorar algo que não entendem totalmente ou em que acreditam não serem bons. Lembre-se: ninguém nasce detestando matemática, estudos sociais ou qualquer outra coisa! Eles aprendem a não gostar porque não conseguem ver nenhum valor ou significado nisso para suas vidas. Se você os ajudar a encontrar significado e valor no que aprendem, eles vão gostar da experiência. É para isso que a Educação Relacional foi criada. Cada passo deixará seus estudantes mais próximos de encontrar valor naquilo que estão aprendendo, e suas frustrações como professor desaparecerão assim que eles ficarem totalmente envolvidos na matéria.

Ricardo, um professor de ciências, refletiu sobre o quão comum é ignorar a paixão dos estudantes. Antes de usar a Educação Relacional, ele acreditava que ensinar era entregar materiais de leitura e garantir que os estudantes transcrevessem as informações para seus cadernos. Agora, entende que, quando os estudantes usam seus talentos para demonstrar o que aprenderam, eles realmente dominam os conceitos de qualquer matéria.

Em um roteiro de aprendizagem, Laura e Julian, que eram estudantes de Ricardo, descobriram como ser responsáveis com o meio ambiente enquanto exploravam a agricultura. Os dois criaram uma história em quadrinhos para explicar os conceitos que haviam aprendido. Laura é muito boa em contar histórias, e Julian expressa sua criatividade por meio de desenhos e cores. Não restam dúvidas de ambos entenderam o conceito!

Quando os estudantes atravessam cada etapa de aprendizagem por conta própria, a motivação para aprender se torna intrínseca e pessoal. É um processo que estimula os neurotransmissores corretos e, por isso, aumenta as possibilidades de conexões neuronais fortes.

Para a surpresa de Ricardo, o processo criativo continuou muito depois de terminado o roteiro. Laura e Julian convidaram outras crianças da escola, criaram suas próprias fantasias com material reciclável e encenaram personagens da sua história em quadrinhos, tudo gravado para a posteridade. Com os olhos lacrimejando, Ricardo disse: "Eu só posso imaginar o quanto eles se divertiram, as risadas em cada prática . . . Isso me lembra da minha própria infância. Meus estudantes usaram seus talentos como desculpa para demonstrar o que aprenderam. Espero que outros possam fazer o mesmo".

## CAPÍTULO 10

# ALIMENTANDO O GÊNIO INTERIOR

"Se você vai duvidar de algo,
duvide de seus próprios limites"

~Don Ward

Você se lembra do Brian, o estudante com diagnóstico de TDAH e dislexia que, apesar da insistência do médico, a mãe decidiu não medicar? O que teria acontecido com a vida dele se seus professores fossem incapazes de explorar seu potencial? Brian teve a sorte de frequentar uma escola que usava a Educação Relacional. No entanto, muitas pessoas no mundo estão vivendo e morrendo com seu potencial não realizado. Brian agora entende que o poder de seu sucesso está em suas próprias mãos e já não acredita que tem limitações de aprendizagem.

A genialidade de seus estudantes está esperando para ser despertada. Isso começa com a sua crença de que eles têm o que é preciso: um cérebro. Com esse cérebro, eles podem atingir 100% de seu potencial. E aprender é o que todos precisam para, continuamente, fazer boas escolhas, exibir bons comportamentos e vivenciar emoções saudáveis.

As próximas etapas da Educação Relacional consolidam a aprendizagem cognitiva e socioemocional enquanto os estudantes internalizam uma matéria específica. Vamos lá?

## ~ CONTINUANDO COM A EDUCAÇÃO RELACIONAL ~

### PASSO 4: PRATICAR

Este é o processo de internalização do que foi aprendido. Aqui, você ativa a capacidade do estudante de transformar ou aprimorar o conhecimento prévio identificado no segundo passo. Este passo inclui atividades planejadas por você ou sugeridas pelos estudantes, à medida que ganham autonomia de aprendizagem. Alguns exemplos são exercícios, jogos, projetos em grupo, redações, produção de vídeos e composição de canções.

Os modelos educacionais tradicionais saltam quase diretamente para este passo, depois de, brevemente, em uma aula, exporem os estudantes à teoria da matéria. Quando isso acontece, é quase nula a possibilidade de o cérebro liberar dopamina e serotonina para manter a aprendizagem. Afinal, como os estudantes não conectaram esse novo conhecimento ao conhecimento anterior, eles não conseguem encontrar o significado e o valor pessoal que o conteúdo tem para eles.

Quando executam as etapas da Educação Relacional por conta própria, eles desenvolvem uma motivação intrínseca para aprender. Esse processo estimula os neurotransmissores certos e, portanto, aumenta as chances de que se criem conexões neuronais fortes.

Praticar estimula a criatividade, a colaboração, a liderança e a aprendizagem baseada em projetos por meio de atividades com as quais você e seus estudantes concordaram. À medida que os estudantes ganham autonomia para passar pelos passos de 1 a 4, seus cérebros se acostumam com o nível ideal de neurotransmissores, que lhes permite aprender com eficácia.

Figura 10.1. Passo 4: Praticar e habilidades desenvolvidas

## PASSO 5: RELACIONAR

Agora, os estudantes entenderão o real propósito e significado do roteiro de aprendizagem ao relacionar o que aprenderam com a própria vida por meio de atividades específicas e de reflexão. É tão simples, mas tão importante! Você pode lhes dizer milhares de vezes por que é importante que aprendam algo, e eles podem até se lembrar das informações para uma prova, mas, a menos que identifiquem a aplicação desse conhecimento por si mesmos, eles simplesmente não aprenderão. As conexões neuronais serão muito fracas.

É como tentar explicar como correr uma maratona. Você pode até conseguir fazê-lo após ler um livro ou assistir a um vídeo. No entanto, a menos que tenha um uso prático e pessoal para essas informações, acabará esquecendo. Quando capacitamos os estudantes a organizar o conhecimento pela aplicação prática em suas vidas, ele se torna útil e passa a ter valor pessoal. O conhecimento é apenas "poder potencial". Ele só se torna "poder" para os estudantes quando eles têm um propósito e um objetivo definido de aplicação desse conhecimento.

**Figura 10.2. Passo 5: Relacionar e habilidades desenvolvidas**

Os estudantes aprendem a relacionar o novo conhecimento com suas vidas e descobrem sua aplicabilidade prática respondendo a esta pergunta: como vou usar o que aprendi? A resposta deles os ajudará a encontrar conexões com o que já está em seus cérebros e no âmago de suas almas. Vimos isso na maneira como o Marco comparou o sistema digestivo aos carros, e em como a Laura e o Julian usaram seus talentos para mostrar as ideias que tinham para proteger o meio ambiente.

## PASSO 6: AUTOAVALIAR

A metacognição é a capacidade de avaliar o próprio raciocínio e as próprias ações usando o resultado para melhorar a si mesmo. Com a prática, a metacognição se torna uma ferramenta poderosa de autoconsciência e autoaperfeiçoamento, permitindo que o indivíduo encontre sentido na vida. O autoaperfeiçoamento contínuo cria paz interior e, portanto, melhor qualidade de vida. As crianças PODEM aprender a avaliar a si mesmas enquanto estão em um ambiente escolar seguro. Ao permitir que os estudantes escolham um caminho e vivenciem as consequências de suas escolhas, nós os ajudamos a tomar consciência de como as decisões afetam suas realidades.

Esta prática os preparará para evitar uma vida inteira de arrependimentos, pois, praticando a autoconsciência desde a infância, eles serão capazes de projetar seu futuro. Existe uma maneira mais robusta de se fazer a autoavaliação, e você pode aprendê-la em nossa série de desenvolvimento profissional. Mas, por enquanto, é possível começar a aplicá-la com solidez fazendo algumas perguntas aos seus estudantes depois de eles terem realizado os passos de 1 a 5 da Educação Relacional.

Perguntas para ajudar os estudantes no processo de autoavaliação:

- Como você está se sentindo?

- Quanto tempo demorou para terminar seu roteiro?

- Seus objetivos estavam claros?

- Você gastou mais ou menos tempo do que havia calculado para essa tarefa?

No início, eles podem ficar confusos ao tentar responder a essas perguntas, pois estão acostumados às críticas e se esforçam para não cometer erros. Incentive-os a compartilhar a avaliação que fizeram de si mesmos e o que farão de diferente na próxima vez.

Você também pode começar pedindo que façam uma autoavaliação depois de concluírem cada passo. Faça perguntas para explorar como encontraram uma determinada informação, seus processos de raciocínio e seus planos para prosseguir para o próximo passo de aprendizagem. À medida que esse processo se tornar um hábito e eles ganharem autonomia de aprendizagem, permita que façam dois a três passos por vez antes de avaliar o próprio progresso.

**Figura 10.3. Passo 6: Autoavaliar e habilidades desenvolvidas**

## ~ CHAVES PARA FAZER A EDUCAÇÃO RELACIONAL FUNCIONAR ~

Permita que os estudantes concluam cada passo de aprendizagem conforme a capacidade de cada um no momento. Agora, isto é muito importante: *não espere perfeição* e *não compare o trabalho de um estudante com o de outro*. Os estudantes estão se acostumando com essa prática, e cada um deles chegará lá em um período diferente. O córtex pré-frontal deles está a todo vapor! É a mesma experiência que você pode ter ao tentar aprender um novo idioma: sua cabeça vai doer no começo, mas, mais cedo ou mais tarde, expressar-se nele se tornará algo natural para você.

Também não despeje tudo em seus estudantes de uma só vez. Dê a eles algo em que se concentrar no próximo roteiro, como melhorar suas respostas no quadro organizador (veja o Capítulo 11) ou encontrar um recurso diferente para pesquisar.

Outro ponto importante é elogiar a evolução de cada um no processo de aprendizagem! Você deve ajudá-los a fazer a autoavaliação a cada etapa do processo, porque eles precisam de pequenas vitórias para começar a alimentar a sensação de que são capazes. Quanto mais evidências eles tiverem de que conseguem fazer aquilo a que se propuseram, mais vão acreditar nisso.[73] Você os está ajudando a construir motivação intrínseca e perseverança por meio da metacognição. Nenhuma prova, pessoa ou tecnologia externa desenvolverá persistência. Apenas os próprios estudantes podem fazê-lo.

E quanto às provas obrigatórias ou avaliações externas? Quando os educadores usam a Educação Relacional sistematicamente, seus estudantes passam a estar mais bem preparados para as provas. Eles se lembram do conteúdo com mais facilidade, pois ele está associado a áreas de suas vidas. E caso aconteça de eles não se lembrarem de determinado conteúdo, terão facilidade em voltar às suas anotações e revisar os quadros organizadores ou os mapas conceituais, que resumem o que foi aprendido. É verdade que, na Educação Relacional, as notas são menos importantes do que o processo de aprendizagem, mas, como o sistema educacional valoriza as notas acadêmicas para abrir portas para a faculdade e carreiras, os estudantes devem passar por elas.

Como o diretor de uma escola pública descreveu, "a Educação Relacional é a resposta para uma educação pública de alta qualidade, porque prepara os estudantes para a vida. O mercado de hoje prioriza as competências mais do que o conteúdo. Com essa abordagem, os estudantes aprendem e praticam as competências enquanto estudam o conteúdo necessário".

Agora, estamos conectando os pontos com os seis passos da Educação Relacional. É algo tão simples, mas tão poderoso!

## ~ REVISÃO: OS SEIS PASSOS DA EDUCAÇÃO RELACIONAL ~

**Passo 1: Definir e planejar metas**, quando os estudantes desenvolvem consciência do que são capazes e de que podem ultrapassar seus limites.

**Passo 2: Explorar**, quando os estudantes percebem que já têm um ponto de partida para aprender, mesmo que seja algo não relacionado à matéria.

**Passo 3: Pesquisar**, quando os estudantes usam uma variedade de recursos para aprender mais sobre a matéria e entendem que o conhecimento está disponível para que eles o explorem.

**Passo 4: Praticar**, que estimula a criatividade, a colaboração, a liderança e a aprendizagem baseada em projetos. Este passo fortalece as conexões neuronais.

**Passo 5: Relacionar**, quando os estudantes desenvolvem a capacidade de se comunicar, falar em público, encontrar relevância e praticar a resolução de problemas do mundo real.

**Passo 6: Autoavaliar**, que fomenta a metacognição e a autoestima e desenvolve a eficácia, a responsabilidade, a excelência e a perseverança.

Como você pode ver, a Educação Relacional é a aplicação prática das aprendizagens personalizada, baseada em projetos, baseada em competências e autônoma, simplificada aqui em apenas seis passos. Ao longo desse processo, que está alinhado com a forma como o cérebro funciona, os estudantes desenvolvem habilidades e competências do século XXI para a vida inteira. Então, por que insistir em trabalhar de outra maneira? Chega de adivinhar como os estudantes aprendem, chega de "ensinar para metade da sala", de deixar qualquer potencial para trás. Você pode começar a aplicar a Educação Relacional hoje mesmo! Confira alguns exemplos de roteiros que utilizam os seis passos e baixe seu modelo gratuito para montar seus roteiros em: www.ProfessordoEinstein.com.

Lembre-se de que o significado da palavra "educação" vem do latim *educare*, que significa "extrair, desenvolver de dentro, trazer para fora o que está dentro". Portanto, se realmente queremos que os estudantes aprendam, devemos começar de dentro! É por isso que a Educação Relacional funciona tão bem. Ela estimula a iniciativa dos estudantes quando eles assumem a liderança de seu aprendizado e os ajuda a desenvolver habilidades essenciais para assumir a liderança de suas vidas.

Agora, você sabe que é perfeitamente capaz de usar a Educação Relacional. Quanto mais praticá-la, mais confiança terá para fazer com que seus estudantes sejam bem-sucedidos. Esse sistema é o resultado de décadas de pesquisa e desenvolvimento pedagógico e foi cuidadosamente elaborado para ser fácil de usar em qualquer contexto: escolas rurais ou urbanas, com base em qualquer livro didático, com ou sem tecnologia, em salas de aula pequenas ou grandes e com estudantes de vários níveis. Seus estudantes já têm o que é preciso: um cérebro. O seu trabalho é despertá-lo para que eles sejam beneficiados pelo resto da vida.

Imagine sua sala de aula como um ambiente dinâmico, onde o aprendizado ocorre sem esforço. Esse é o objetivo da Educação Relacional. Você se lembra do ditado "Dê um peixe a um homem, e você o alimentará por um dia. Ensine um homem a pescar, e você o alimentará para o resto da vida"? Você está fazendo exatamente isso, ensinando os estudantes a aprender por meio de habilidades estratégicas, às quais eles poderão recorrer para que aprendam o que quiserem na vida.

Figura 10.4. Com a Educação Relacional, os estudantes aprendem a aprender ao mesmo tempo em que desenvolvem as competências previstas no currículo obrigatório

CAPÍTULO II

# FERRAMENTAS PARA A VIDA

"A sua estrada é só sua. Outros podem caminhar
com você, mas ninguém pode caminhar por você"

–Rumi

A Educação Relacional utiliza pesquisas para testar e desafiar os modelos existentes de teoria e prática e sempre visa a escalabilidade, para garantir que ela possa ser facilmente adotada por grandes sistemas de educação em todo o mundo. Um modelo pelo qual examinamos a Educação Relacional é a pesquisa de ensino e aprendizagem do Dr. Benjamin Bloom, das universidades de Chicago e Northwestern. Em 1984, Bloom publicou na revista acadêmica *Education Researcher* um artigo intitulado *The 2 Sigma Problem: The Search for Methods of Group Instruction as Effective as One-to-One Tutoring (O problema dos 2*

*161*

*Sigmas: a busca por métodos de instrução em grupo tão eficazes quanto a tutoria individual,* sem tradução para o português).

No artigo, Bloom estabelece 19 variáveis para melhorar efetivamente o desempenho acadêmico dos estudantes e avalia o quanto cada variável influencia os resultados de aprendizagem. No final da lista, ele descobriu que recursos como livros didáticos e tecnologia, assim como as origens socioeconômicas dos estudantes, deram a menor contribuição para o alcance de altos níveis de aprendizagem. Então, Bloom testou essas variáveis em três condições de instrução:

1. A sala de aula convencional;

2. Instrução de domínio, que adiciona *feedback* e procedimentos corretivos a uma sala de aula convencional; e

3. Tutoria individual

Bloom descobriu que as tutorias individuais melhoraram o desempenho do estudante ao máximo, com resultados duas vezes melhores (2 sigmas) que os da sala de aula convencional. O resultado foi o mesmo em muitas outras observações.

Por um lado, era uma ótima notícia: independentemente de sua formação, nível anterior de desempenho acadêmico ou acesso a recursos específicos, cada estudante alcançaria os mesmos resultados excelentes com tutorias individuais. Por outro, essa solução de um professor por estudante tem um custo elevadíssimo para o sistema educacional, o que impossibilita que ela seja adotada em escala. O problema dos 2 sigmas nasceu: como os educadores podem atingir esses altos níveis de desempenho vistos na tutoria individual, mas em um ambiente de grupo? Em outras palavras, como um professor pode fornecer uma experiência personalizada para vários estudantes ao mesmo tempo e ainda obter excelentes resultados?

Bloom descobriu que os estudantes podem alcançar alto desempenho acadêmico se desenvolverem bons hábitos de aprendizagem, melhorarem suas habilidades de leitura e dedicarem tempo aos estudos. Ele também descobriu que enfatizar processos mentais superiores, como os propostos pela Educação Relacional, permite que os estudantes relacionem sua aprendizagem aos contextos em que vivem. "Essas habilidades são consideradas uma etapa das características essenciais necessárias para continuar aprendendo e para lidar com um mundo em rápida transformação", concluiu.

Bloom e seus colegas estavam procurando um método simples e escalável que pudesse ser usado por qualquer professor para obter resultados semelhantes aos da tutoria individual. Os educadores poderiam aprender esse método rapidamente e implementá-lo sem grandes custos. Tal método, escreveu ele, "seria uma contribuição educacional de enorme magnitude, que mudaria as noções populares sobre o potencial humano e teria efeitos significativos sobre o que as escolas podem e devem fazer com os anos de educação que cada sociedade exige de seus jovens".

A Educação Relacional é uma solução prática para o problema de 2 sigmas de Bloom, pois é um método intuitivo e de baixo custo que os educadores podem facilmente incorporar às suas práticas para desenvolver o potencial humano por meio da aprendizagem. Isso ocorre porque ela incorpora uma experiência de aprendizagem pessoal, na qual os estudantes fazem uso prático de seus novos conhecimentos e desenvolvem a iniciativa por sua própria aprendizagem e em suas próprias vidas.

Agora que você já conhece a Educação Relacional e como cada passo desenvolve habilidades cognitivas e socioemocionais, vamos examinar duas ferramentas para dar vida à implementação dessa estrutura:

1. Definir e planejar metas

2. Roteiros de aprendizagem

## ~ DEFINIR E PLANEJAR METAS ~

Tradicionalmente, acreditamos que os estudantes responsáveis são aqueles que ficam sentados o dia todo e sem falar muito, fazem tudo o que os professores mandam e se saem bem nas provas. No entanto, se a responsabilidade vem depois de você planejar e agir, quando foi que esses estudantes planejaram ou agiram? Eles são *obedientes*, mas não têm nenhuma prática em se transformar. Sua postura pode ser resumida em ficar sentado, aguardar a próxima instrução e agir de acordo com as preferências do professor. O que podemos esperar desses estudantes ao atingirem a idade adulta?

Responsabilidade é uma decisão consciente de fazer algo que você sabe que trará um resultado, mas também de enfrentar as consequências de suas ações, sejam elas boas ou más. Como Jack Canfield, um dos autores de maior sucesso de vendas em todo o mundo, escreve em seu livro *The Success Principles* (*Os Princípios do Sucesso*, sem tradução para o português): "Um dos princípios mais importantes para o sucesso é assumir 100% de responsabilidade por sua vida e seus resultados". Podemos oferecer aos estudantes a prática de assumir 100% de responsabilidade por suas 16.800 horas na escola, e a consequência é que eles terão sucesso na vida.

Por isso, o primeiro passo na Educação Relacional é incorporar a habilidade fundamental que os estudantes precisarão ter para começar cada dia: definir e planejar metas. Além de habilidades de definição de metas, o planejamento diário específico desenvolve organização, eficácia no trabalho, tomada de decisões por meio de priorização e responsabilidade. O planejamento melhora a autorregulação do desempenho e o automonitoramento das ações necessárias para atingir metas específicas. Pequenos ganhos na definição e no cumprimento de metas diárias específicas aumentam a confiança e a motivação do estudante para continuar definindo e alcançando metas.

À medida que os estudantes se acostumam com o processo diário de definição e planejamento de metas, eles se conscientizam de suas limitações pessoais, do que são capazes e do que devem fazer para atingir seus objetivos. Eles conseguem, então, expandir sua definição de metas para períodos de tempo mais longos e para objetivos múltiplos—um componente importante para se desenvolver a perseverança e a autonomia de aprendizagem. À medida que descobrem o quanto podem se esforçar e até onde podem ir, eles também desenvolvem motivação intrínseca—e começam a planejar a semana, o mês, o ano.

Você perceberá, com o tempo, que os estudantes até começarão a planejar suas vidas. Eles vão definir o que querem fazer, quem querem ser, para onde querem ir. Foi o que aconteceu com Jorge, que conheci quando ele tinha 12 anos. Ele me disse que estudaria mecatrônica na Alemanha, em uma universidade específica que escolheu porque, segundo ele, "há duas universidades importantes para essa carreira no mundo, uma nos EUA e outra na Alemanha. Eu escolhi a da Alemanha". Ele sabia como conseguir uma bolsa de estudos e já estava trabalhando nisso. Ninguém precisava lhe dizer o que fazer. Ele o fazia por conta própria! É assim que a definição de metas diárias, o planejamento e as práticas de autoavaliação permitirão que os estudantes planejem suas vidas. Precisamos apenas ajudá-los a descobrir sua capacidade inata de ter novas ideias e agir de acordo com elas.

## ~ COMECE O DIA ORIENTANDO OS ESTUDANTES
## A DEFINIR E PLANEJAR METAS ~

Para começar, a primeira atividade de cada dia é treinar os estudantes para definir metas, planejar e tomar decisões sobre prioridades. Eles também devem ter métricas mensuráveis e que estejam dentro de suas capacidades. As metas têm que ser baseadas no roteiro atual, o que significa que seus estudantes precisam saber em quais atividades trabalharão durante o dia. Eles tomarão decisões sobre seus planos de aprendizagem ou trabalho, incluindo quais atividades fazer primeiro e que prioridades terão.

Você pode começar ajudando-os a definir metas como um grupo. À medida que eles desenvolverem essa habilidade, deixe que cada um defina metas pessoais. Enquanto os mais velhos escrevem seus objetivos, os mais novos, que ainda não sabem ler e escrever, podem definir suas metas diárias desenhando.

Comece com objetivos pequenos e simples, como ler as atividades do primeiro passo de aprendizagem e concluir a primeira atividade. Com isso, você estará treinando os estudantes a desenvolver o autocontrole, o que, antes de se tornar um hábito, requer muita energia do córtex pré-frontal. Nesse ponto, é essencial que você elogie continuamente o *esforço* de cada estudante no processo, não sua inteligência. Seu elogio é a recompensa necessária para que o cérebro do estudante produza dopamina naturalmente enquanto treina essa habilidade.

Quando observar os estudantes dominando essa prática, desafie-os a aumentar o número de atividades que planejam e a estabelecer uma meta para concluir todas elas naquele dia. Pequenos sucessos vão motivá-los a continuar investindo no desenvolvimento de habilidades, um passo firme de cada vez.

## ~ TERMINE O DIA ORIENTANDO OS ESTUDANTES NA AVALIAÇÃO DE SEUS PLANEJAMENTOS ~

No final do dia, oriente os estudantes a avaliar os resultados de seus planejamentos e definições de metas e ajude-os a refletir sobre a capacidade de realizar o que planejaram. Se eles estão atingindo 100% de suas metas diárias, desafie-os a aumentar o número de atividades que definem para si mesmos. Se não, ajude-os a refletir sobre como planejar dentro de suas capacidades. Nesse processo, os estudantes descobrem seus limites, o que os leva a desenvolver a autoconsciência e reforçar sua autoestima.

O Dr. Albert Bandura, psicólogo de Stanford cujo trabalho abordamos nos capítulos anteriores, conduziu uma vasta pesquisa sobre como uma pessoa pode superar dúvidas quanto à própria capacidade. Ele concluiu que, ao guiar alguém por meio de pequenos sucessos, essa pessoa pode alterar sua crença de que não tem capacidade para realizar algo.[74] Esses pequenos sucessos, muitas vezes alcançados com orientação, podem impactar positivamente o resto da vida de um indivíduo e prepará-lo para perseverar em desafios mais difíceis.

## ~ CRIE UM PLANEJAMENTO SEMANAL E MENSAL ~

Assim que os estudantes incorporarem o planejamento diário ao cotidiano, adicione o planejamento semanal no início de cada semana. Isso vai expandir a visão que eles têm sobre o futuro próximo. Então, assim que se sentirem confortáveis com os dois planejamentos, o semanal e o diário, incorpore o planejamento mensal logo no início de cada mês. A mudança do planejamento diário para o mensal leva cerca de seis semanas, ou menos.

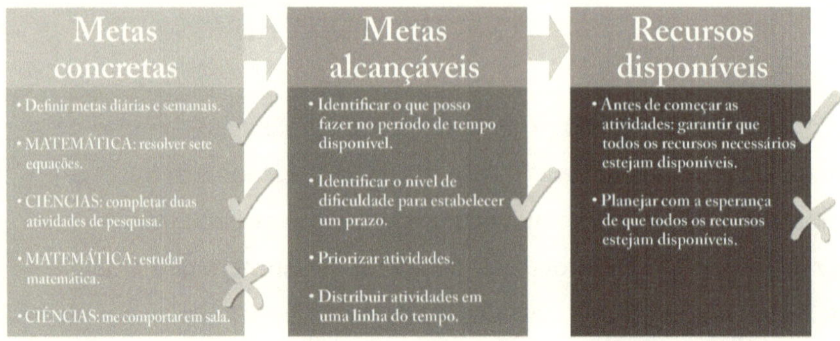



**Figura 11.1. Exemplos de metas concretas e alcançáveis**

É crucial que você conduza os estudantes o mais rápido possível do planejamento diário para o planejamento mensal e, então, para o anual. Para que desenvolvam a motivação intrínseca para realizar as tarefas de hoje, eles devem aprender a ter um objetivo máximo na vida.

Certamente, levará um pouco mais de seis semanas para que seus estudantes mais novos internalizem o planejamento como uma atividade diária. Portanto, certifique-se de que esta seja a primeira atividade do dia, todos os dias. Faça disso uma rotina, e, cedo ou tarde, ela se tornará um hábito mesmo para os mais jovens. Se forem expostas a esse processo de tomada de decisão no início de suas vidas, as crianças mais novas se beneficiarão enormemente mais tarde.

Lembre-se de que a motivação intrínseca está relacionada à paixão. Quanto mais descobrirmos e explorarmos a paixão de cada estudante, mais intrinsecamente motivados eles ficarão. Os estudantes aprendem com eficácia porque querem, não porque você lhes disse para aprenderem, e seu trabalho é fomentar a aprendizagem. Treine-os para que vislumbrem o futuro brilhante que têm pela frente. Para que realizem plenamente suas paixões, eles precisarão de um plano e de muita prática, aproximando-se, assim, do objetivo ao mesmo tempo em que adquirem as habilidades de que precisam para chegar lá. Os estudantes desenvolverão motivação intrínseca ao trabalhar em algo que os interessa. Eles passarão horas nisso, bem cientes do controle cognitivo sobre o que estão fazendo.

## ~ SEMPRE ESTABELEÇA METAS CONCRETAS, ALCANÇÁVEIS E MENSURÁVEIS ~

Se você quer que seus estudantes cumpram as metas que estabeleceram, elas devem ser concretas e alcançáveis, e você precisará contar com recursos diversos para ajudá-los a alcançar essas metas.

Imagine que você esteja ajudando um estudante do quinto ano a melhorar sua habilidade de leitura. Ele tem tido aulas de reforço, e seus pais temem que fique ainda mais para trás. Como você sabe que dançar é uma de suas paixões, uma estratégia de definição de metas e planejamento para ele poderia ser algo assim:

1.  **Encontre os recursos relacionados:** Vou selecionar livros, artigos, revistas etc. relacionados à dança.

2.  **Estabeleça pequenas metas:** Vou ler uma página por dia.

3.  **Faça o planejamento diário:** Hoje, vou ler uma página e preencher o quadro organizador relacionado a ela. Vou escrever um parágrafo para explicar o que entendi.

4.  **Avalie as metas diárias ao final de cada dia:** Consegui atingir minha meta diária? Preciso melhorar? No que posso melhorar amanhã?

5.  **Comemore as vitórias diárias:** Reavalio a minha meta quando não consigo realizá-la. Nesse processo de autoavaliação, nunca

pergunte: *"Por que* não consegui?"*.* Em vez disso, diga: "Minha estratégia não funcionou. *Como* posso abordar a atividade de uma maneira melhor?".

6. **Aumente as metas aos poucos:** Li uma página mais rapidamente do que o normal. Agora vou me desafiar a ler uma página adicional todos os dias.

7. **Medição semanal:** Quantas páginas eu li? O quanto eu entendi sobre o que li? Comemore as realizações semanais!

Completar esta parte no Passo 1: Definir e planejar metas

Completar esta parte no Passo 6: Autoavaliar

| AO COMEÇAR O ROTEIRO | | AO FINALIZAR O ROTEIRO | |
|---|---|---|---|
| **PASSO** | **META**<br><br>"Farei tal coisa em tanto tempo" | **CONSEGUI?**<br>SIM   NÃO | **COMPROMISSO OU MELHORA**<br><br>"Para melhorar minhas metas, posso..." |
| Definir e planejar metas | Ler as atividades e escrever minhas metas aqui, para definir minhas expectativas – 30 minutos. | ☒   ☐ | Desta vez, consegui fazer o que planejei! |
| Explorar | Completar as indicações para começar o roteiro – 30 minutos. | ☒   ☐ | Tive tempo de sobra para fazer essa atividade. |
| Pesquisar | Assistir a vídeos e analisá-los para sintetizar informações – 1 h 30 minutos. | ☒   ☐ | Continuar assistindo a vídeos e ler as dicas diárias de Educação Relacional no meu e-mail. |
| Praticar | Escrever uma resenha para organizar minhas ideias – 1 h. | ☒   ☐ | Compartilhar a resenha com meus colegas. |
| Relacionar | Escrever uma carta para me lembrar de seguir progredindo – 1 h. | ☒   ☐ | Guardar minha carta! |
| Autoavaliar | Avaliar se cumpri com as metas que escrevi aqui, para continuar melhorando minhas habilidades de planejamento – 30 minutos. | ☒   ☐ | Seguir melhorando minhas habilidades de gestão do tempo. |

Fórmula de metas: verbo (infinitivo) + que + para que + tempo

Reflita e proponha estratégias para usar em oportunidades futuras

**Figura 11.2. Exemplo de planejamento diário e semanal**

O premiado autor John Irving disse o seguinte sobre o processo da escrita: "No momento em que um livro é publicado, a janela de tempo entre o lançamento ao público e as pessoas deixarem de falar sobre ele é muito curta—acaba em poucos meses! Mas o livro pode ter tomado quatro, cinco, seis, sete anos [para ser escrito]. E o próximo levará um tempo semelhante. Aprendi com o *wrestling* (um tipo de luta) que é melhor você amar o processo em si. É melhor você amar a prática, repetir o mesmo movimento cem vezes com aquele mesmo parceiro chato. Um centímetro de cada vez, apagando uma parte, movendo esta frase aqui, pegando aquela frase e a colocando ali. Isso é lento! As pessoas cairiam no sono ao assistir a um escritor escrevendo ou a um lutador treinando". Irving aprendeu a amar o processo. É isso que devemos ter como objetivo: fazer com que os estudantes amem o processo de aprendizagem ao praticá-lo repetidamente, o tempo todo.

À medida que virem seus esforços trazendo resultados tangíveis, sua motivação intrínseca aumentará, e eles passarão a entender que o processo de definição de metas e planejamento é o segredo para alcançar o que desejam na vida.

O planejamento pode ser feito independentemente da sua prática pedagógica, mesmo em uma sala de aula tradicional. Basta que você tenha propostas que *ressoem* nos estudantes e que revise com eles os roteiros da semana. É fundamental que eles saibam o que precisam fazer na hora de traçar um plano para percorrer os roteiros de aprendizagem. Oriente-os a planejar pequenos objetivos e continue a fazê-lo até que eles mesmos consigam projetar o mês. Você pode discutir estratégias de orientação com outras pessoas pela nossa comunidade online, cujo link pode ser facilmente encontrado em nosso site: www.ProfessordoEinstein.com.

## ~ ROTEIROS DE APRENDIZAGEM ~

Um roteiro dá suporte aos estudantes no processo de aprendizagem a partir dos passos de 2 a 5 da Educação Relacional, discutidos anteriormente. Sua estrutura está alinhada ao sistema de aprendizagem do cérebro e permite que você incorpore práticas de aprendizagem baseadas em projetos, aprendizagem personalizada, aprendizagem baseada em competências, aprendizagem semipresencial e aprendizagem autônoma. O objetivo é desenvolver o controle cognitivo necessário para formar seres criativos e não hackeáveis, possibilitando que os estudantes vivam uma vida plena neste novo normal.

Ao esmiuçar o processo de aprendizagem, os estudantes percebem que podem aprender qualquer coisa. Isso leva à oportunidade de aprimorar uma nova habilidade e formar bons hábitos. Os roteiros de aprendizagem podem durar de 3 a 10 dias. Na nossa experiência, os estudantes percebem em que horas do dia são mais produtivos em determinadas disciplinas, e o cronograma do roteiro permite que eles sejam produtivos nesse momento. Faz sentido. Por exemplo, prefiro trabalhar logo cedo em atividades que envolvam escrever, e posso me dedicar a qualquer coisa relacionada a números a qualquer hora do dia. Eu me encontro com os líderes de escolas em diferentes horários da semana ou participo de uma conferência de vez em quando. Distribuo tarefas por vários dias. À medida que os estudantes começam a conhecer a si mesmos, eles passam a realizar suas atividades quando são mais produtivos.

Um roteiro de aprendizagem produtivo explora a maneira natural de funcionar do cérebro humano e garante o equilíbrio certo dos neurotransmissores ao conectar as paixões dos estudantes ao currículo.

## ~ UM EXEMPLO DE ROTEIRO E SUAS ETAPAS ~

Um roteiro de música seria mais ou menos assim:

1. **Explorar**
   Durante esta etapa, peça aos estudantes que reflitam sobre o tema e exponham o que conhecem do assunto. A experiência diária, a vida

cotidiana, as expectativas, perguntas, dúvidas e curiosidades se tornam o ponto de partida para esta exploração. Os estudantes podem responder a uma pergunta contextualizada ou criar uma hipótese sobre o que vão aprender e alcançar nesse roteiro.

As perguntas típicas incluem: Você consegue listar alguns gêneros musicais? Quem os criou? Por quê? Você pode associar um cantor ou banda a cada um dos gêneros? De quais gêneros você gosta? Quais são seus cantores ou bandas favoritos? Por que você gosta deles? O que faria com que você gostasse de samba?

## 2. Pesquisar

Nesta etapa, os estudantes pesquisam novas informações sobre o tema do roteiro por meio de fontes visuais (livros, relatórios), de áudio (audiolivros, músicas), audiovisuais (vídeos), diálogos, entrevistas ou encontros diretos. Pesquisar as novas informações leva ao desenvolvimento de uma base de conhecimento, a qual é evidenciada por meio da análise que o estudante deve realizar.

Para aumentar a probabilidade de os estudantes compreenderem o conceito, incentive-os a buscar suas fontes com base nas coisas de que gostam. Por exemplo, se um estudante está aprendendo música e adora futebol, oriente-o a explorar o que acontece em uma partida de futebol quando os fãs começam a cantar o hino do time. Dê a ele a liberdade de se expressar, e você ficará maravilhado.

## 3. Praticar

Esta etapa inclui atividades planejadas que você apresenta ou aquelas sugeridas pelos estudantes à medida que eles ganham autonomia. Aqui, você pode enriquecer a prática com a aprendizagem baseada em projetos, evocando a resolução de problemas, a criatividade e o pensamento crítico, que também fazem parte da aprendizagem baseada em competências. À medida que os estudantes evoluem em suas capacidades de propor novas atividades, a autonomia de aprendizagem deles aumentará.

As atividades em um roteiro que estuda a música podem incluir compor uma música, compartilhar uma coleção de gêneros favoritos ou escrever um artigo ou texto sobre a história da banda favorita do estudante.

### 4. Relacionar

Durante esta etapa, os estudantes percebem o real propósito do roteiro ao conectar o que aprenderam com suas próprias vidas por meio de atividades e reflexões pessoais. As abordagens mais bem-sucedidas ajudam os estudantes a encontrar **propósito e significado no que estão aprendendo**.

Tente conhecer melhor os estudantes sempre que interagir com eles. Faça anotações sobre suas aspirações, gostos e desgostos. Certifique-se de motivá-los a relacionar o que aprenderam com o que você sabe sobre eles. Faça perguntas que os ajudem nisso. Aqui vão alguns exemplos para um roteiro de música: Você mudou suas preferências musicais depois deste roteiro? Você consegue relacionar cada gênero a como ele faz você se sentir? Você consegue adaptar o seu humor a um determinado gênero? Que gênero você gostaria de mostrar a seus amigos?

## ~ COMO GUIAR OS ESTUDANTES DE UM ROTEIRO DE APRENDIZAGEM PARA OUTRO ~

Os roteiros devem sempre ressoar no estudante. Não faz mal trabalhar com um grupo em que todos sigam o mesmo ritmo. No entanto, quando você e seus estudantes se sentirem prontos para isso, permita que eles mesmos explorem o roteiro, em seu próprio tempo e à sua maneira.

Certifique-se de ter roteiros adicionais prontos para aqueles que se moverem mais rapidamente. Pela nossa experiência, os estudantes levam de dois a três meses para entender o processo e, uma vez que o entendem, vão querer mais roteiros e aprender em uma velocidade maior do que você imagina.

Depois que terminam um roteiro, eles devem apresentar o que aprenderam individualmente, sempre que possível. Mesmo que se apresentem em grupo, cada estudante deve compartilhar seu trabalho individual. Esse processo desenvolverá habilidades de apresentação e demonstração da aprendizagem: a abordagem deles frente a cada etapa, suas descobertas, por que selecionaram certos recursos, como organizaram o conhecimento, como desenvolveram cada atividade prática e, finalmente, como vão usar os novos conhecimentos em suas vidas. Dê liberdade para que eles expressem o que aprenderam. Isso estimulará a criatividade. Como exemplos para começar, você pode revisar alguns roteiros no nosso site: www.ProfessordoEinstein.com.

Aqui vai uma prática para você: desenvolva um roteiro, com um tema da sua escolha, usando o processo de aprendizagem deste capítulo. Em seguida, personalize-o para a Maria, uma estudante que você considera apática, desmotivada e desinteressada. Usando o roteiro que você criou e personalizou, como você poderia incorporar algumas das abordagens de aprendizagem? Junte-se ao nosso grupo de discussão no Facebook para fazer perguntas e compartilhar a sua experiência!

## ~ O QUADRO ORGANIZADOR—AJUDANDO OS ESTUDANTES A SINTETIZAR NOVOS CONHECIMENTOS ~

Os produtos da aprendizagem dependem da capacidade de cada estudante de sintetizar informações, e seus resultados podem variar. Ainda assim, devem existir evidências claras de que ele compreendeu o conteúdo do roteiro. Para isso, recomendamos enfaticamente o uso de quadros organizadores. Em nossa prática, a introdução dessa poderosa ferramenta aumentou a compreensão de leitura dos estudantes em uma média de 40% ao ano.

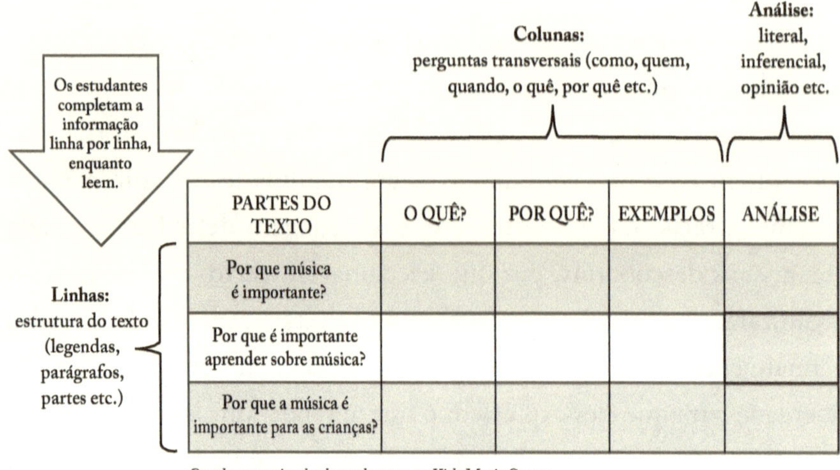


*Quadro organizador baseado no texto Kids Music Corner*

## Figura 11.3. Exemplo de um quadro organizador

Elementos de um quadro organizador:

◆ **Linhas**: correspondem à estrutura do texto, aos títulos dos segmentos a serem lidos;

◆ **Colunas**: correspondem aos aspectos funcionais, com perguntas como *quem, o quê, onde, quando, por quê* e *como*; e

◆ **Coluna da extrema direita**: sempre uma questão transversal que requer algum nível de análise. Pode ser literal, como: "O que o texto diz?". Pode ser inferencial, como: "O que eu adicionaria a esse texto? O que eu acho que o texto deveria dizer? O que pode estar implícito no texto?". Pode expressar uma opinião, como: "O que eu sinto sobre esse assunto?".

Os estudantes preenchem o quadro uma linha de cada vez, à medida que leem um texto do início ao fim, e sintetizam as informações em suas próprias palavras enquanto leem. Terminado esse processo, eles podem criar um mapa conceitual, que mostrará a compreensão que têm da matéria, além de facilitar que se lembrem de tudo o que aprenderam. Para obter mais informações sobre como criar um mapa conceitual,[75] visite o nosso website: www.ProfessordoEinstein.com.

CAPÍTULO 12

# MÃOS À OBRA

"Um estudante não é um vaso a ser
enchido, mas uma chama a ser acesa"

~Plutarco

Na série *Caçadores de Mitos: A Competição*, do Discovery Channel, o apresentador Kyle Hill desafia competidores que têm muito conhecimento em ciências a quebrar mitos. Em um episódio, os participantes tinham que andar por quatro metros em uma bicicleta adulterada. Não era nada de mais, exceto pela pegadinha: quando o ciclista movia o guidão para a direita, a roda dianteira ia para a esquerda e vice-versa. Se você triplicar seu foco na hora de mudar de direção, a tarefa pode até parecer simples, mas a verdade é que seis entre seis competidores foram incapazes de se manter nessa bicicleta pelo trajeto todo.

Andar em uma bicicleta adulterada é um desafio porque já temos redes neuronais que determinam nossas reações automáticas quando pedalamos. Queremos mover o guidão para a direita quando queremos ir para a direita e para a esquerda quando queremos ir para a esquerda. Conflitos cerebrais como esse acontecem sempre que queremos aprender qualquer coisa que esteja fora das nossas redes neuronais já estabelecidas— ou seja, dos hábitos já enraizados em nossos cérebros. É difícil, mas não impossível.

No final do episódio dos *Caçadores de Mitos*, Hill explica que a bicicleta com guidão invertido só pode ser usada com *"muita* prática". Com uma compreensão clara de como ela funciona e muita prática, os ciclistas podem dominar o guidão invertido. O próprio Hill se tornou um especialista em andar na bicicleta adulterada e, agora, tem dificuldade para usar uma "normal". Isso acontece por ele ter formado novas redes neuronais.

O mesmo vale para colocar em prática uma abordagem da aprendizagem em que os estudantes estejam no comando: será preciso reorganizar o cérebro e praticar muito. Afinal, a aprendizagem autônoma não acontece só porque você está usando novas ferramentas, como num passe de mágica. Criar aprendizes autônomos é um processo que requer prática orientada e contínua. Com isso em mente, a Educação Relacional incorpora uma escala de autonomia de aprendizagem que determina de quais tipos de apoio os estudantes precisam da parte de seus professores.

## ~ OS QUATRO NÍVEIS DE AUTONOMIA NA EDUCAÇÃO RELACIONAL ~

Os níveis distintos de autonomia estão entre as maiores razões para a eficácia da Educação Relacional. Nos capítulos anteriores, você aprendeu como usar os seis passos da Educação Relacional e as ferramentas que ela oferece para desenvolver o potencial dos seus estudantes.

Ao longo deste livro, reforçamos que a Educação Relacional começa do ponto em que os seus estudantes estão. Uma verdadeira experiência de aprendizagem invoca a descoberta pessoal, que promove a motivação intrínseca e a iniciativa. Neste momento, há duas perguntas que precisam ser respondidas:

1. Como você sabe que seus estudantes são mesmo autônomos?

2. Como apoiar seus estudantes no desenvolvimento autônomo da aprendizagem?

Aprender a andar é um processo. Aprender a pedalar é um processo. Aprender a falar um novo idioma é um processo. Aprender a aprender também é um processo. Por isso, estabelecemos quatro níveis de autonomia pelos quais os estudantes transitam, sendo que cada um deles requer um nível diferente de apoio dos professores. Assim, enquanto os estudantes usam os seis passos da Educação Relacional, os professores fornecem o apoio necessário para aprimorar suas habilidades.

Vamos começar por entender os níveis de autonomia de aprendizagem e como identificar onde cada um de seus estudantes está:

1. **Nível Guiado**

Neste nível, os estudantes estão aprendendo técnicas de autorregulação e organização e necessitam de uma orientação precisa para atingir seus objetivos. Então, os professores devem fornecer uma estrutura clara a ser seguida.

Os estudantes aprendem a definir metas de curto prazo com foco em atividades específicas. É neste nível que o comportamento deles responde às consequências: para evitar o castigo (por exemplo: *não vou bater no meu colega porque, se fizer isso, serei punido*) ou para obter um prêmio (por exemplo: *faço o meu dever de casa porque, se eu fizer isso, meus pais vão me comprar uma bicicleta*).

## 2. Nível Assessorado

No segundo nível de autonomia, o comportamento dos estudantes ainda depende de regras externas, mas é exercido de acordo com uma ordem estabelecida que eles estão aprendendo a reconhecer e seguir. É aqui que começam a compreender a regra como uma estrutura funcional da qual todos participam, em que os modelos de autoridade estão presentes como guias e companheiros no processo, não como figuras autoritárias.

Este nível funciona com um processo de comunicação mediado—uma conversa contínua entre o professor e o estudante para alinhar expectativas e realizações. Os estudantes ainda escolherão comportamentos para satisfazer os outros (*tenho que ser bom para que meus pais sintam orgulho de mim*) ou para se manter em um grupo social (*tenho que fazer isso da maneira que meus amigos estão dizendo, pois todos agimos da mesma forma*).

## 3. Nível Orientado

Este é um nível de transição, no qual os estudantes demonstram se suas habilidades estão suficientemente desenvolvidas para funcionar de acordo com parâmetros do nível autônomo. Eles são capazes de passar pela maioria dos roteiros com mínima orientação e apresentam melhorias visíveis na qualidade de seus resultados, na identificação de interesses pessoais, no desenvolvimento de habilidades e na autoavaliação. Eles podem definir e planejar metas com meses de antecedência e têm a motivação intrínseca para concluir seus planos.

## 4. Nível Autônomo

Os estudantes são autônomos quando conseguem gerenciar a si mesmos totalmente e quando as dinâmicas de aprendizagem são produtos de um acordo entre o estudante e o professor. A base para se atingir esse nível de autonomia se dá quando as ações do estudante são motivadas por valores e pela aceitação. Eles seguem as regras porque existe um consenso claro sobre a utilidade delas, e não porque foram impostas.

## ~ AVALIANDO A EVOLUÇÃO NO PROCESSO ~

Agora é a hora de juntar tudo isso. Primeiro, desenvolva seus roteiros de aprendizagem usando os seis passos da Educação Relacional. Em cada interação que tiver com seus estudantes, você pode personalizar a experiência individual deles ao adaptar as atividades e permitir que escolham em quais delas desejam trabalhar.

A próxima etapa é avaliar a evolução do processo usando os quatro níveis de autonomia. E, como agora você sabe quais habilidades estão sendo desenvolvidas no processo de aprendizagem que projetou, a sua orientação melhorará essas habilidades em cada interação. Você já não questiona o estudante com o objetivo de avaliar seu conhecimento rígido das disciplinas. No lugar, parte de um ponto que o incentiva a explorar. Isso significa fazer perguntas exploratórias, tanto cognitivas quanto experienciais, que o levem a buscar respostas, em um processo de aprendizagem individualizado.

Abaixo, mostramos como apoiar os estudantes no desenvolvimento da autonomia na aprendizagem:

1. NÍVEL 1—ESTUDANTES GUIADOS

Comece verificando se os estudantes estão planejando corretamente, com pequenos objetivos, e faça perguntas para ajudá-los a avaliar o próprio progresso. A autoavaliação é feita em cada etapa deste nível.

Perguntas que você pode fazer no estágio de Aprendizagem Guiada:

- Como você está se sentindo?

- ◆ Quanto tempo levou?

- ◆ Seus objetivos foram claros? Você usou mais ou menos tempo do que alocou para essa tarefa?

Lembre-se de que os estudantes estão aprendendo o processo de aprendizagem. Eles podem hesitar em responder a essas perguntas no início, mas isso acabará se tornando um hábito. Você deve orientá-los após cada passo, para garantir que entendam o processo corretamente. Concentre-se no processo, não no conteúdo. Conforme eles aprendem o processo, você os capacita a aprender qualquer coisa. É como quando você aprende a andar de bicicleta e passa a poder ir para onde quiser.

Dê aos estudantes algo em que se concentrar no próximo roteiro, como melhorar suas respostas no quadro organizador (veja o Capítulo 11). Elogie a evolução no processo! É importante que você os ajuda a avaliar cada etapa do caminho porque eles precisam de pequenas vitórias para começar a reforçar a ideia de que podem fazer o que for. Você os está ajudando a criar motivação intrínseca e perseverança.

## 2. NÍVEL 2—ESTUDANTES ASSESSORADOS

Quando os estudantes se sentirem mais confortáveis com o processo e puderem passar por qualquer dos passos da Educação Relacional sem a sua ajuda, desafie-os a aumentar o número de atividades que incluem em seus planos para alcançar seus objetivos e continue dando suporte à autoavaliação deles. Certifique-se de que vejam o próprio progresso, pois isso reforça sua autoestima e motivação intrínseca.

Deixe que os estudantes trabalhem em dois passos de aprendizagem antes de apresentá-los a você. Se eles compreenderem os conceitos e fizerem bem as atividades, poderão avançar para o próximo passo. Isso é muito importante, pois você estará ajudando os estudantes a atingir seus níveis de excelência e ter a oportunidade imediata de corrigir o percurso, caso não tenham entendido os conceitos. Elogie o esforço que fazem quando desafiam a si mesmos e lhes dê algo em que se concentrar no próximo estágio de aprendizagem ou no próximo roteiro.

3. NÍVEL 3—ESTUDANTES ORIENTADOS

Os estudantes agora estão planejando seus dias sem esforço e podem terminar as atividades de dois a três passos completos dentro do cronograma previsto. Então, você pode seguir para o próximo passo e orientá-los a encontrar uma solução para uma questão ou problema que ainda não entendem. Você se torna a pessoa que possibilita que os estudantes respondam às suas próprias perguntas e resolvam seus próprios problemas. Como facilitador do processo de aprendizagem, faça perguntas, em vez de dar respostas, e os incentive a buscar as respostas por conta própria.

Desafie-os a definir metas para um mês inteiro, distribuindo todas as atividades dentro desse período, pois, agora, eles já têm uma noção clara do ritmo que conseguem manter. A motivação intrínseca começa a florescer. Continue a revisar o planejamento diário e, ao final de cada semana, ajude-os a avaliar se estão no caminho certo. Lembre-se de sempre elogiar o esforço que dedicam às tarefas, em vez do quanto eles são espertos ou inteligentes.

4. NÍVEL 4—ESTUDANTES AUTÔNOMOS

Agora, os estudantes são capazes de completar um roteiro inteiro e apresentá-lo a você, incluindo uma descrição do processo que usaram para concluí-lo e como usarão o que aprenderam em suas vidas. Promova conversas com eles para ajudá-los a reconhecer maneiras de aprofundar a compreensão e as áreas em que ainda precisam de melhoria. Eles começarão a perguntar sobre os materiais e os recursos necessários para atingir seus objetivos.

Também os incentive a compartilhar seus avanços, dificuldades, desafios e pontos fortes. O estudante sabe melhor do que ninguém o que precisa ser melhorado e como fazer isso com o apoio externo necessário para seu crescimento. Imagine que você esteja treinando um corredor para uma competição importante. Sendo o treinador dele, seu papel não é correr. Quem precisa treinar e competir é o corredor. O mesmo conceito se aplica aos seus estudantes.

Explore o que eles estão pensando sobre o futuro. A esta altura, a motivação intrínseca está bem estabelecida, e eles acreditam poder alcançar qualquer objetivo, desde que tomem essa decisão.

Quando os estudantes têm iniciativa, os itens abaixo se tornam naturais para eles:

- Definir metas desafiadoras e alcançáveis;

- Desenvolver estratégias para alcançar essas metas;

- Seguir um processo de aprendizagem específico e aprender o que for com os pés firmes em seu propósito;

- Avaliar o próprio progresso;

- Encontrar significado no que aprendem; e

- Relacionar o que aprendem com suas vidas.

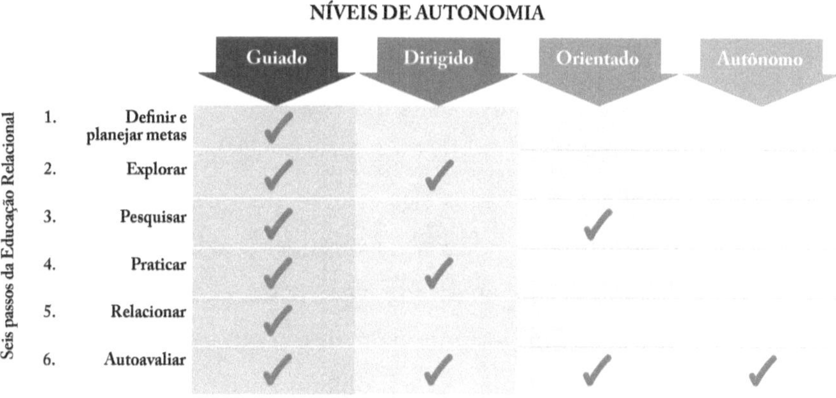


Figura 12.1. Apoio necessário do professor em cada nível de autonomia

## ~ A PERGUNTA MAIS FREQUENTE ~

Depois que os educadores começam a usar as ferramentas da Educação Relacional e veem o progresso de seus estudantes por meio dos níveis de autonomia, a pergunta mais frequente que surge é: Como faço para dar atenção personalizada a cada um dos meus trinta estudantes em um período limitado de tempo?

Se você tem muitos anos de experiência como professor, provavelmente está acostumado a dar aulas, definir os deveres de casa e aplicar provas. Ao usar a Educação Relacional, esse processo deixa de ser seguido. Os estudantes aprendem com base nos roteiros que você preparou previamente, e você dá o suporte necessário enquanto eles trabalham em cada roteiro. Em uma mesma aula, cada um deles estará em um passo diferente do roteiro ou até mesmo em um roteiro diferente. Portanto, eles já não vão precisar do tipo de atenção que você costumava dar a todos enquanto grupo.

Em um determinado dia, pode ser que você trabalhe com cinco ou dez estudantes enquanto estiverem juntos, acompanhando o progresso deles nos roteiros de acordo com seus níveis de autonomia. Os vinte a vinte e cinco restantes continuarão trabalhando de forma independente, em seu próprio ritmo de aprendizagem. O que realmente importa é o progresso geral dos estudantes na sua matéria.

Quanto mais você personaliza a experiência de cada estudante, mais intrinsecamente motivados eles estarão para cumprir 100% de seus roteiros. É por isso que vale a pena aprender esta nova abordagem. Ao trabalhar de modo individualizado, você passa a conhecê-los muito bem e descobre o que é importante para eles, o que os motiva e o que faz com que queiram aprender. O seu objetivo é ajudá-los a se tornar aprendizes autônomos, enquanto você os treina para que consigam atingir seus potenciais. Quanto mais autônomos eles se tornarem, de menos apoio eles precisarão.

Talvez você esteja se perguntando: "Isso significa que agora eu sou irrelevante?". Pelo contrário. Você se torna ainda mais relevante, porque seus estudantes precisam de orientação para explorar suas próprias grandezas! Lembre-se: a experiência deles com você é a oportunidade perfeita para que tentem, falhem e tentem novamente, até que estejam prontos para a vida. Quanto mais seus estudantes praticarem a aprendizagem usando a Educação Relacional, mais eles estarão preparados para ser quem desejam ser na vida.

Alegre-se quando eles começarem a aprender mais rapidamente. Como um fanático por futebol, que celebra cada vitória como se fosse um dos jogadores, comemore com os estudantes cada uma de suas conquistas!

CAPÍTULO 13

# TORNANDO-SE PROFESSOR DO EINSTEIN

"Eu forcei os limites e os encontrei"

~Luke Durbridge

Aconteceu em 1939. George Dantzig, estudante de doutorado da Universidade da Califórnia, em Berkeley, estava atrasado para uma aula de estatística. Ele só teve tempo de anotar os dois problemas escritos no quadro-negro antes de soar o sino. Em 1936, Dantzig já tinha dois diplomas de graduação, um em matemática e outro em física, e conseguiu seu diploma de mestrado em matemática em 1938. Os desafios de matemática eram simples para ele. Mesmo assim, demorou alguns dias para encontrar a solução para esse dever de casa, que era um pouco mais complicado do que o normal, e imaginou que essa dificuldade fosse consequência de ele ter faltado à aula em que as questões haviam sido discutidas.

189

Dantzig apresentou a solução para ambos os problemas diretamente no escritório do professor, o Dr. Jerzy Neyman, profundamente constrangido por conta de seu atraso. Afinal, Neyman era seu orientador de doutorado, e Dantzig havia sido desrespeitoso ao se atrasar para as aulas. No final, sua chegada extremamente tardia jogou a seu favor: Dantzig não sabia que aqueles dois problemas eram teoremas estatísticos ainda não comprovados, e não uma tarefa! Após trabalhar neles por alguns dias, ele conseguiu resolvê-los. Ninguém nunca lhe havia dito que isso era impossível.[76]

Desde então, esse episódio da vida de Dantzig se tornou uma lição motivacional sobre o pensamento positivo—a crença de que somos capazes de fazer qualquer coisa. Eu teria adorado ouvir a versão de Neyman dessa história. Quantas vezes o professor orientou e motivou Dantzig a explorar sua paixão pela matemática? Quantas vezes ele cruzou olhares com Dantzig para dizer "eu acredito em você" antes de dispensar o estudante para continuar seu trabalho? Você pode imaginar como Neyman se sentiu quando viu as soluções do seu estudante para aquelas equações supostamente insolúveis? Ele tinha um gênio assistindo às suas aulas!

Você gostaria de ter um Dantzig, Einstein, Phelps, Earhart, Edison, Jobim, Lispector e tantos outros gênios aprendendo sob a sua orientação? Como qualquer ser humano, esses também não foram estudantes perfeitos. Porém, eles tinham uma coisa em comum: uma motivação intrínseca e inquieta que os fazia ir atrás de seus sonhos.

Na Educação Relacional, os estudantes aprendem a trabalhar como Ph.D.s desde muito jovens: eles têm uma hipótese, então a pesquisam, praticam e aplicam em suas vidas. São estudantes autônomos, com um caminho de aprendizagem claro que definiram para si próprios. Seus professores são como orientadores, que os guiam ao longo do processo de aprendizagem para que alcancem o que desejam na vida.

Agora, reflita comigo sobre o seguinte: o Brasil tem 47 milhões de estudantes apenas na educação básica.[77] Imagine se essas crianças estivessem usando a Educação Relacional, tornando-se capazes de fazer perguntas, pesquisar, colaborar, criar protótipos e encontrar soluções para os problemas atuais que elas identificaram e com que se empolgaram. São problemas como transporte, habitação, sistema de saúde, desenvolvimento da força de trabalho, relações internacionais e muitos mais.

Imagine se os professores acreditassem na capacidade de inovação de cada estudante, independentemente da idade, apagando para sempre a palavra "impossível" de seu vocabulário. Se uma criança de 4 anos faz uma média de 300 perguntas por dia, não seria essa a idade ideal para começar a explorar novas perspectivas para um problema do mundo de hoje? Talvez já pudéssemos ter encontrado a cura para o câncer, a solução para a poluição e o fim da fome.

Você consegue imaginar um sistema escolar em que 47 milhões de estudantes criam produtos e soluções patenteadas diariamente? Em que costumam colaborar com outros estudantes que nunca nem conheceram, só porque usam o mesmo processo de aprendizagem? O que aconteceria com a economia do país? Mais do que isso, você consegue imaginar o nível de satisfação, produtividade e motivação de uma geração com essas oportunidades?

Acredito que todos os estudantes podem ser, fazer e ter tudo o que desejam. Acredito que eles podem aprender com eficiência quando exploramos o recurso número um de todos nós: o cérebro! Acredito que ninguém consegue parar os estudantes quando eles encontram sua motivação intrínseca. Já temos muitos exemplos dessas capacidades dos estudantes ao redor do mundo. Boyan Slat, de 19 anos, criou um dispositivo para coletar plástico do oceano.[78] Ele pretende limpar todos os oceanos até 2050. Afetado pela crise da água em Flint, Gitanjali Rao, de 11 anos, inventou um dispositivo barato de detecção de chumbo, para evitar que mais pessoas fiquem doentes.[79] Leroy Mwasaru tinha apenas 17 anos quando inventou um biorreator de dejetos humanos, que transformava massa fecal em combustível limpo para cozinhar.[80]

> "Você nasceu original, não morra uma cópia"
>
> ~JOHN MASON

Uma vez, estive em uma reunião com quinze ministros da educação de diferentes países, discutindo o uso da tecnologia em sala de aula. Enfatizei a importância de uma estratégia pedagógica e da prontidão do professor para garantir o sucesso de qualquer programa nacional que use a tecnologia. Laura, uma estudante que tinha 15 anos naquela época, me acompanhou e compartilhou com os ministros a diferença que a Educação Relacional fez em sua aprendizagem, escolhas, comportamentos e emoções. Entre muitas questões interessantes, os ministros perguntaram como ela se sentia tendo estudantes de diferentes idades aprendendo com ela no mesmo espaço. Ela respondeu: "O senhor está aqui com outros catorze ministros, aprendendo algo que interessa a todos vocês. Vocês não têm a mesma idade e nem são do mesmo país! Por que não podemos ter essa mesma experiência na escola?".

Sou otimista de que um dia teremos escolas que se ajustem aos estudantes, em vez de os estudantes terem que se ajustar às escolas. A escola será um lugar em que os estudantes descobrirão o que desejam da vida e construirá uma base sólida que os capacitará a realizar seus potenciais da forma que acharem melhor.

Essas escolas deixarão de lado a comparação e se concentrarão no refinamento contínuo das habilidades dos estudantes com um propósito definido. Talvez a resposta para o problema de 2 sigmas de Bloom seja ter crianças ensinando e aprendendo umas com as outras com o apoio de professores—uma alternativa viável à tutoria individual. Assim, a escola se torna uma inteligência coletiva que aprimora a inteligência biológica, como a internet é uma inteligência coletiva que aprimora a inteligência artificial.

Ao longo da última década, testemunhei como as crianças anseiam por controlar seus destinos, fazer o que amam e ter flexibilidade. Para a maioria delas, essas oportunidades são mais importantes do que grandes salários. Talvez seja por isso que tantas pessoas estão se tornando *freelancers* ou profissionais autônomos, optando por empregos com flexibilidade de horário, que requerem um trabalho de alta qualidade, autogestão e conhecimento prático de finanças, da área jurídica, de vendas e de marketing. Em 2019, houve um aumento de 78% nos ganhos totais dos autônomos nos EUA, e 34% dos trabalhadores americanos haviam trabalhado como autônomos de alguma forma.[81]

A escola que Einstein amava o tratava como um indivíduo, respeitava seus traços pessoais, não exigia memorização ou repetição, estimulava o pensamento independente e a responsabilidade e vinculava o aprendizado à paixão de cada estudante. Ao longo de sua vida, Einstein tendeu a desrespeitar figuras de autoridade, principalmente professores. Mesmo assim, na escola cantonal, ele os amava! Agora, o motivo está claro.

> "'É impossível', disse o orgulho.
> 'É arriscado', disse a experiência.
> 'É inútil', disse a razão.
> 'Experimente', sussurrou o coração"
>
> ~Desconhecido

Em 1986, o Dr. Albert Bandura concluiu: "Pessoas que desenvolvem competências próprias, habilidades de autorregulação e crenças fortalecedoras do seu potencial podem gerar uma gama mais ampla de opções—o que expande sua liberdade de ação—e têm mais sucesso ao realizar o futuro desejado do que aqueles com recursos de ação menos desenvolvidos".[82] Em outras palavras, as pessoas com um alto nível de autonomia serão quem elas quiserem na vida.

A Educação Relacional oferece um caminho para a transição da escola tradicional para uma escola com o único propósito de promover o mais alto nível de realização humana. O sistema pode coexistir com o currículo atual e os requisitos de avaliação. Também pode ser usado em ambientes escolares que estão evoluindo para novos modelos. Isso lhe soa impossível? Não é. Entre o possível e o impossível, existe um processo eficaz. A Educação Relacional torna possível um novo tipo de aprendizagem nos sistemas escolares de hoje.

Agora você tem duas opções. A opção número um é não fazer nada. Se você não fizer nada com as informações que aprendeu neste livro, o que vai conseguir? Nada. A segunda opção é tentar, arriscar e começar a usar a Educação Relacional com seus estudantes, para ver como ela funciona para você. Mesmo que ela só realize METADE do que afirmei neste livro, o seu esforço em praticar o que aprendeu será recompensado assim que seus estudantes começarem a usar o Passo 1 por conta própria!

Você acha que poderia ter sucesso se usasse a Educação Relacional? Imagine este cenário: você faz o que mostrei nos Passos 1 e 2, e seus estudantes agora entendem claramente do que são capazes e aprendem com seus próprios pontos de partida. Em seguida, você aplica o que descrevi nos Passos 3 e 4, motiva seus estudantes a encontrar recursos alinhados com o que eles amam e os vê desenvolver habilidades pessoais que os beneficiarão por toda a vida. Logo você trabalha os Passos 5 e 6, e seus estudantes agora resolvem problemas por conta própria, usando o que acabaram de aprender, e finalmente percebem que têm maior autoestima, perseverança e responsabilidade. Deixe-me fazer as perguntas mais importantes: você acha que seus estudantes vão adorar aprender? Acredita que vão passar a ter iniciativa sozinhos, desenvolver motivação intrínseca e autonomia de aprendizagem e, assim, ter sucesso na vida?

Quero que você pense naquele estudante que está lutando agora e que se beneficiaria tremendamente ao aplicar o que você aprendeu neste livro. Quanto valeria para você se ele repentinamente descobrisse sua paixão por aprender e nunca mais tivesse problemas com isso de novo? Quanto essa mudança valeria para esse estudante? Agora, multiplique isso por todos os estudantes a que você ensina e que influencia todos os dias.

Acredito que você tenha chegado ao fim deste livro porque tem um desejo ardente de nunca parar de crescer. Você tem a missão de desenvolver o potencial humano. Eu acredito que aqueles que têm o privilégio de estar em sua sala de aula tinham mesmo que estar nela neste exato momento. Esses estudantes poderiam estar em qualquer outra escola, sala de aula ou residência. Mas . . . sabe de uma coisa? Eles estão na sua escola, na sua sala de aula. Você tem o dever e o privilégio de desenvolver esse potencial humano que vê diante de si agora.

Já trabalhei com professores, líderes e pais em escolas rurais e urbanas, com e sem tecnologia, com currículos e sistemas de avaliação rígidos, pobres e ricos. Muitos professores e líderes de educação com menos recursos poderiam ter dito que "esse sistema funciona para estudantes ricos, não para os nossos". Em vez disso, eles tiveram a humildade de aprender e descobrir como aplicá-lo com seus estudantes. Pode demorar um pouco até que todas as práticas estejam em vigor e o caminho fique claro, mas, uma vez que elas tenham chegado aos seus lugares, os resultados são inimagináveis!

Cada etapa dessa prática aumenta a chance de sucesso de seus estudantes, pois você está descobrindo um processo sistemático para fazer isso acontecer. É assim que você cumpre sua missão. É assim que você desenvolve o potencial humano. Este exato momento pode ser o ponto alto da sua carreira, a melhor realização da sua vida. É importante para você e para mim, mas, acima de tudo, é importante para os estudantes e para o mundo. Portanto, acenda sua centelha, encontre sua voz e torne-se o educador de que os estudantes precisam agora. Mãos à obra!

Aqui vão alguns dos primeiros passos:

1. Planeje o crescimento a partir de onde você está, sem tentar eliminar as suas práticas e começar de novo;

2. Reconecte-se com a sua própria paixão e lembre-se de quando aprender era empolgante;

3. Invista no desenvolvimento profissional contínuo e relevante;

4. Abandone as noções preconcebidas sobre os recursos necessários para o sucesso do estudante e decida tentar algo novo;

5. Comece com seus estudantes no Passo 1: definir e planejar metas; e

6. Concentre-se no progresso, não na perfeição.

A cada dia, sou grata pelos professores que já permitem que os estudantes alcancem seu máximo potencial. Eles estão realmente comprometidos em ser melhores amanhã do que são hoje. Eles enxergam as possibilidades em suas mentes, têm a coragem de agir e observam seus estudantes desfrutando de um aprendizado mais profundo e eficaz. Eles entendem que o destino é importante, mas que o significado que os estudantes dão à jornada é ainda mais.

Este é o meu convite a todos os membros da comunidade educacional: humildemente, aceite a tarefa de compreender a Educação Relacional e colocá-la em prática nas suas salas de aula, abraçando o crescimento a partir de onde você e seus estudantes estão agora.

A sua experiência e treinamento trouxeram você a este ponto e forneceram a base para o seu avanço. Faça uso disso para melhorar o processo de aprendizagem. Ouça o que seu coração está dizendo agora e aja de acordo. Dê um passo simples de cada vez e desfrute de pequenas vitórias todos os dias para chegar ao destino que deseja. Esse é o trabalho da sua vida, sua marca neste mundo. Comprometa-se não apenas a fazer o melhor que pode fazer, mas a ser o melhor que pode ser. Assim, você vai possibilitar que seus estudantes façam o mesmo—cada um tornando-se um Einstein à sua própria maneira.

# AGRADECIMENTOS

"A gratidão é o estado máximo de abertura para receber"

~DR. JOE DISPENZA

Este trabalho começou pela escrita de artigos ao longo de vários anos, depois editados pelo meu amado esposo Brian, até que me senti preparada para escrever um livro. Sou grata pela jornada da minha vida até agora e por aqueles com quem trabalhei e interagi ao longo do caminho, pois tudo isso me preparou para compartilhar estas palavras com vocês.

Agradeço à Dra. Bena Kallick, uma autora renomada, pelo incentivo e motivação para que eu escrevesse este livro. Meu *muito obrigada* à minha equipe da Learning One to One, pois este trabalho seria impossível sem eles. Agradeço aos meus queridos amigos e primeiros revisores, que expressaram sinceramente suas opiniões sobre o manuscrito e me apoiaram nesta jornada de melhoria contínua: Amy Anderson, Jerry Haar, Carol Carter, German Escorcia, Barbara Bibas Montero, William Burdette, Judy Perez, Leonardo Garnier, Virginia Emmons, Marcelo Cabrol, Terry Torok, Chip Lunsford e Sérgio Godinho. Muito obrigada às minhas queridas amigas Ania Rodriguez e Renee Lopez-Cantera, pelos conselhos técnicos.

Minha infinita gratidão aos milhares de professores com quem tive a honra de trabalhar e que me inspiraram ao longo dos anos. Agradecimentos especiais aos professores que compartilharam suas histórias para este livro: Ashley Delgado, Nicole Warner, Pauline Yoshizumi, Milton Nettles e Chanel Williams. Um agradecimento especial a Kristi Oda, pelo apoio.

Agradeço à MLS (*Major League Soccer*), por ter selecionado meu marido como árbitro dos jogos de fim de semana. Usei esse tempo sozinha com sabedoria para trabalhar neste livro.

Muita gratidão à minha família, cujo amor é a minha inspiração para ser uma pessoa melhor a cada dia. Meu infinito amor e gratidão ao meu esposo Brian, meu maior fã e torcedor, com quem a vida é a maior das aventuras.

Quanto ao futuro, meu coração se enche de gratidão aos professores, líderes e pais que este livro vai inspirar e às vidas dos estudantes que ele vai tocar. Que este seja meu estado máximo de abertura para receber.

# SOBRE A AUTORA

Erika Twani é uma entusiasta da educação e uma otimista focada em um mundo melhor, que seja construído por humanos com habilidades práticas e propósito de vida. É cofundadora e CEO da Learning One to One, em que, junto de especialistas, explora maneiras de fomentar a realização humana por meio da Educação Relacional. O modelo se baseia na aplicação de neurociência, psicologia, filosofia, pedagogia e tecnologia. Sua proposta é simplificar conceitos complexos e fazê-los úteis para todos, a começar pelas crianças.

Erika já assessorou autoridades de governos e líderes educativos mundiais no uso da tecnologia em educação, escreveu vários artigos sobre o tema e trabalhou com escolas públicas e particulares para capacitá-las no uso prático da Educação Relacional através de desenvolvimento profissional, consultoria e tecnologia. Ainda levou a Learning One to One a cinco países logo no seu primeiro ano, impactando as vidas de mais de 100.000 estudantes.

Antes de cofundar a Learning One to One, Erika foi diretora para a indústria da educação de vários países das Américas na Microsoft. Sob sua liderança, o programa Aliança pela Educacão treinou 90.000 educadores por ano em tecnologia, além de vendas e marketing. Antes disso, trabalhou no Unlimited Potential Group, levando a tecnologia a comunidades carentes, projeto pelo qual a Microsoft a premiou com seu Círculo da Excelência. Antes disso, Erika trabalhou na Oracle e, antes da Oracle, fundou e liderou sua própria companhia de tecnologia.

A inovação em educação geralmente acontece em silos, e Erika quer capacitar educadores para que ela seja retirada desses silos e escalada. Para isso, ela usa as perspectivas, habilidades e experiência de mais de 20 anos de trabalho em empresas de tecnologia, o que lhe permitiu dar forma a produtos e serviços que foram escalados globalmente. A experiência corporativa garantiu a Erika uma compreensão clara dos desafios das empresas para motivar seus colaboradores, fomentar a criatividade e criar relações de longa duração com clientes e parceiros, independentemente de onde estejam localizados.

As empresas se beneficiam dos mesmos princípios que Erika identifica em seu trabalho, ao implementar processos simples de aprendizagem e desenvolvimento de habilidades que contribuem para que as pessoas possam crescer, ter motivação intrínseca e encontrar propósito nas suas vidas. Naturalmente, as realizações individuais resultam no sucesso da empresa como um todo.

Além de escritora, Erika é uma palestrante internacional, consultora, ávida leitora e aventureira. Sobretudo, é uma estudante, comprometida em investir 20% de seu tempo em aprender. Engenheira de software e com um MBA em empreendedorismo, é membro de vários conselhos de administração. Vive em Fort Lauderdale, Flórida, Estados Unidos, com seu esposo, Brian.

# REFERÊNCIAS BIBLIOGRÁFICAS

CAPÍTULO I

1.  Isaacson, W. 2007. *Einstein: His Life and Universe*. Nova York, NY: Simon & Schuster.

2.  Entrevista de Carl Sagan na TVO. Acessada em 3 de novembro de 2020. https://www.youtube.com/watch?v=acBRahW5c-A.

3.  Steinberg, L. 1996. *Beyond the Classroom*. Nova York, NY: Simon & Schuster.

4.  Kun-Hsing MD, Y.; Miron, O.; Wilf-Miron, R.; et al. 2019. *Suicide Rates Among Adolescents and Young Adults in the United States, 2000-2017*. Carta de Pesquisa, 18 de junho de 2019. JAMA Network.
    Curtin MA, S. C.; Heron, M. 2019. *Death Rates Due to Suicide and Homicide Among Persons Aged 10–24: United States, 2000–2017*. NCHS Data Brief, No. 352, outubro de 2019.
    American Foundation for Suicide Prevention. Suicide Statistics. Acessado em 3 de novembro de 2020. https://afsp.org/suicide-statistics/.

5.  De Guimps, R. 1890. *Pestalozzi, His Life and Work*. Nova York, NY: D. Appleton and Company.

6.  Isaacson, W. 2007. *Einstein: His Life and Universe*. Nova York, NY: Simon & Schuster.

## CAPÍTULO 2

7.  Horace, Epistles, II, 2, 187-189.

8.  Galton, F. 1869. *Hereditary Genius: An Inquiry Into Its Laws and Consequences*. London: Macmillan and Co.

9.  Wolf, T. H. 1973. *Alfred Binet*. Chicago, IL: The University of Chicago Press.

10. Spektorowski, A.; Ireni-Saban, L. 2013. *Politics of Eugenics: Productionism, Population, and National Welfare*. London: Routledge.

11. Cox Miles, C.; Terman, L. M. 1926. *Genetic Studies of Genius. Vol. 2: The Early Mental Traits of 300 Geniuses*. Stanford, CA: Stanford University Press.

12. Wechsler, D. 1939. *The Measurement of Adult Intelligence* (1ª. Ed.). Baltimore, MD: Williams & Witkins.

13. Jarman, B.; Land, G. 1993. *Breakpoint and Beyond: Mastering the Future Today*. Nova York, NY: HarperBusiness.

14. Harlow, J. M.; Massachusetts Medical Society. 1869. *Recovery from the Passage of an Iron Bar through the Head*. Boston: David Clapp & Son.
    Bigelow, H. J. 1850. *Dr. Harlow's Case of Recovery from the Passage of an Iron Bar through the Head*. London: American Journal of the Medical Sciences. 20 n.s. (39): 13–22.

15. Davitz, J. R.; Beldoch, M.; Blau, S. 1964. *The Communication of Emotional Meaning*, Nova York, NY: McGraw-Hill.

16. Goleman, D. 2005. *Emotional Intelligence*. Nova York, NY: Penguin Random House.

17. Goleman, D. 2005. *Emotional Intelligence*. Nova York, NY: Penguin Random House.
    Bradberry, T.; Greaves, J. 2009. *Emotional Intelligence 2.0*. San Diego, CA: TalentSmart.

18. Durlak, J.; Weissberg, R. P.; Dymnicki, A. B.; Taylor, R. D.; Schellinger, K. B. 2011. *The Impact of Enhancing Students' Social and Emotional Learning: A Meta-Analysis of School-Based Universal Interventions*. Journal of Experiential Education. Volume 34, 2ª. Edição.

Van Rooy, D.; Viswesvaran, C. 2004. *Emotional intelligence: A meta-analytic investigation of predictive validity and nomological net.* Journal of Vocational Behavior. 65 (1): 71–95.

19. Muro, M.; Whiton, J.; Maxim, R. 2019. *What Jobs are Affected by AI?* Metropolitan Policy Program at Brookings Institute.

20. Hanushek, E. A.; Jamison, D. T.; Jamison, E. A.; Woessmann, L. 2008. *Education and Economic Growth.* Education Next, primavera de 2008.

## CAPÍTULO 3

21. Podolsky, A.; Kini, T.; Bishop, J.; Darling-Hammond, L. 2016. *Solving the Teacher Shortage: How to Attract and Retain Excellent Educators.* Palo Alto, CA: Learning Policy Institute.

22. Hussar, W. J.; Bailey, T. M. 2020. *Projections of Education Statistics to 2028.* National Center for Education Statistics. Acessado em 3 de novembro de 2020. https://nces.ed.gov/pubsearch/pubsinfo.asp?pubid=2020024.

## CAPÍTULO 4

23. Isaacson, W. 2007. *Einstein: His Life and Universe.* Nova York, NY: Simon & Schuster.

24. Dispenza, J. 2008. *Evolve Your Brain: The Science of Changing Your Mind.* Deerfield Beach, FL: Health Communications, Inc.

25. Bedell, G. 2016. *Teenage Mental-Health Crisis: Rates of Depression Have Soared in Past 25 Years.* Independente, 27 de fevereiro de 2016.

26. Fleming, S. 2019. *This is the World's Biggest Mental Health Problem— and You Might not Have Heard of It.* Fórum Econômico Mundial, 14 de janeiro de 2019.

    *Mental health in the workplace.* 2019. Fórum Econômico Mundial. Acessado em 3 de novembro de 2020. https://www.who.int/mental_health/in_the_workplace/en/.

27. Dispenza, J. 2008. *Evolve Your Brain: The Science of Changing Your Mind.* Deerfield Beach, FL: Health Communications, Inc.

Heron, M. 2019. *Deaths: Leading Causes for 2017.* U.S. Department of Health and Human Services, Centers for Disease Control and Prevention, National Center for Health Statistics, National Vital Statistics System. National Statistics Reports, Volume 68, Nº. 6.

Celano M.D., C.; Villegas M.D., A.; Albanese B.A., A.; Gaggin M.D., M.P.H., H.; Huffman M.D., J. 2019. *Depression and Anxiety in Heart Failure: A Review.* Harv Rev Psychiatry. Jul-Ago, 2018; 26(4): 175–184.

28. *Mental health in the workplace.* 2019. Fórum Econômico Mundial. Acessado em 3 de novembro de 2020. https://www.who.int/mental_health/in_the_workplace/en/.

29. Bonfanti, L.; Parolisi, R.; La Rosa, C. 2020. *Brain Structural Plasticity: From Adult Neurogenesis to Immature Neurons.* Frontiers in Neuroscience, 4 de fevereiro de 2020.

30. Dweck, C. 2006. *Mindset: The New Psychology of Success.* Nova York, NY: Random House Publishing Group.

31. Bandura, A. 1986. *Social Foundations of Thought and Action: A Social Cognitive Theory.* Englewood Cliffs, N.J.: Prentice-Hall.

Bandura, A. 2008. *Social cognitive theory of mass communication. In J. Bryant & M. B. Oliver (Eds.), Media Effects: Advances in Theory and Research* (pp. 94-124). Nova York, NY: Routledge.

Bandura, A. 1993. *Perceived Self-Efficacy in Cognitive Development and Functioning.* Educational Psychologist. 28 (2): 117–148.

Bandura, A., ed. 1995. "Frontmatter." Frontmatter. *In Self-Efficacy in Changing Societies, i-iv.* Cambridge: Cambridge University Press.

## CAPÍTULO 5

32. Hanna Barbera's The Jetson's episode. Acessado em 3 de novembro de 2020. https://www.youtube.com/watch?v=EjSEvriQmgw&list=PLXeLD1jAJhNhwejkud1GedCgj_ewRIE2Y&index=2.

33. Dispenza, J. 2008. *Evolve Your Brain: The Science of Changing Your Mind.* Deerfield Beach, FL: Health Communications, Inc.

Duhigg, C. 2014. *The Power of Habit: Why We Do What We Do in Life and Business.* Nova York, NY: Random House.

Polk, T. A. 2018. *The Learning Brain.* The Great Courses.

34. Dispenza, J. 2008. *Evolve Your Brain: The Science of Changing Your Mind.* Deerfield Beach, FL: Health Communications, Inc.

Kotulak, R. 1997. *Inside the Brain: Revolutionary discoveries of how the mind works.* Kansas City, KS: Andrews McMeel Publishing.

35. *Scrabble Classique de Compétition.* Acessado em 3 de novembro de 2020. https://www.fisf.net/competitions/scrabble-classique.html.

36. Rand, D.; Cohen, J. 2017. *The Rise and Fall of Cognitive Control.* Behavioral Scientist Magazine, 7 de julho de 2017.

37. Duhigg, C. 2014. *The Power of Habit: Why We Do What We Do in Life and Business.* Nova York, NY: Random House.

McGonigal, K. 2011. *The Willpower Instinct: How Self-Control Works, Why It Matters, and What You Can Do To Get More of It.* Nova York, NY: Penguin Group.

38. Aristizabal, P. 2018. *Educación Aumentada en la Era de la Exponencialidad.* Buenos Aires, Argentina.

39. Costa, A.; Kallick, B. 2008. *Learning and Leading with Habits of Mind: 16 essential characteristics for success.* Alexandria, VA: ASCD.

40. Referência: 7 horas por dia, 200 dias por ano por 12 anos equivale a 16.800 horas.

41. Albert Einstein costumava dizer isso em relação à ciência, com um leve deboche. Isto vem da Bíblia, em Romanos, 8:19: "Pois a criação aguarda ansiosa pela revelação dos filhos de Deus".

## CAPÍTULO 6

42. Sanders, R. 2016. *'Neural Dust' Could Treat the Body from Inside.* University of California, Berkeley. Acessado em 3 de novembro de 2020. https://www.universityofcalifornia.edu/news/neural-dust-could-treat -body-inside.

43. Matthews, C. 2017. *Spending on AI to Reach $46 Billion in 2020*. Axios, Economy & Business, 19 de abril de 2017. Acessado em 3 de novembro de 2020. https://www.axios.com/spending-on-ai-to-reach-46-billion-in-2020-1513301689-a3c07136-46be-47a5-8e95-6e7c4725939d.html.

Hupfer, S.; Jarvis, D.; Loucks, J.; Murphy, T. 2019. *Future in the Balance? How Countries Are Pursuing an AI Advantage*. Deloitte Insights, 1 de maio de 2019. Acessado em 3 de novembro de 2020. https://www2.deloitte.com/us/en/insights/focus/cognitive-technologies/ai-investment-by-country.html.

Liu, S. 2020. *Artificial Intelligence Funding United States 2011-2019*. Acessado em 3 de novembro de 2020. https://www.statista.com/statistics/672712/ai-funding-united-states/.

Walch, K. 2020. *Why the Race for AI Dominance is More Global thank You Think*. Forbes Magazine, 9 de fevereiro de 2020. Acessado em 3 de novembro de 2020. https://www.forbes.com/sites/cognitiveworld/2020/02/09/why-the-race-for-ai-dominance-is-more-global-than-you-think/#7b273227121f.

International Data Corporation. 2019. *Worldwide Spending on Artificial Intelligence Will Be Nearly $98 billion in 2023, According to IDC Spending Guide*. IDC. 4 de setembro de 2019. Acessado em 3 de novembro de 2020. https://www.idc.com/getdoc.jsp?containerId=prUS45481219.

*The United States of Artificial Intelligence Startups*. Research Briefs, CBInsights. 16 de julho de 2020. Acessado em 3 de novembro de 2020. https://www.cbinsights.com/research/artificial-intelligence-startup-us-map/.

44. U.S. Department of Education, National Center for Education Statistics. 2020. *The Condition of Education 2020* (NCES 2020-144).

United States Census Bureau. 2019. *U.S. School Spending per Pupil Increased for Fifth consecutive Year, U.S.* Census Bureau Reports. 21 de maio de 2019. Acessado em 3 de novembro de 2020. https://www.census.gov/newsroom/press-releases/2019/school-spending.html.

45. Bandura, A. 2006. *Toward a Psychology of Human Agency*. Perspectives on Psychological Science, 1, 164-180.

Bandura, A. 2008. *The Reconstrual of "Free Will" from the Agentic Perspective of Social Cognitive Theory. In J. Baer, J. C. Kaufman & R. F.*

*Baumeister (Eds.), Are We Free? Psychology and Free Will* (pp. 86-127). Oxford: Oxford University Press.

Bandura, A. 2017. *Toward a Psychology of Human Agency: Pathways and Reflections.* Perspectives on Psychological Science.

Bandura, A. 1989. *Human Agency in Social Cognitive Theory.* American Psychologist, 44, 1175-1184.

Bandura, A. 2006. *Growing Primacy of Human Agency in Adaptation and Change in the Electronic Era.* European Psychologist, 7, 2-16.

Bandura, A. 2001. *Social Cognitive Theory: An Agentic Perspective.* Annual review of psychology (Vol. 52, pp. 1-26). Palo Alto: Annual Reviews, Inc.

Bandura, A. 1982. *Self-Efficacy Mechanism in Human Agency.* American Psychologist, 37, 122-147.

## CAPÍTULO 7

46. Sadie, S., ed. 1992. *The New Grove Dictionary of Opera.* Londres: Mcmillan Reference.

Solomon, M. 1995. *Mozart: A Life (1st ed.)* Nova York: HarperCollins.

47. Spaethling, R. 2005. *Mozart's Letters, Mozart's Life: Selected Letters.* Nova York: W.W. Norton & Co.

48. Solomon, M. 1995. *Mozart: A Life (1st ed.)* Nova York: HarperCollins.

49. Bandura, A. 2006. *Toward a Psychology of Human Agency.* Perspectives on Psychological Science. 1 de junho de 2006.

Fontan, J.; Twani, E. 2009. *The Unwakened Potential.* São Paulo: Anais EDUTEC.

50. Dweck, C. 2006. *Mindset: The New Psychology of Success.* Nova York, NY: Random House Publishing Group.

Duckworth, A. 2016. *Grit, The Power of Passion and Perseverance.* Nova York: Simon & Schuster.

Pink, D. 2009. *Drive: The Surprising Truth about What Motivates Us.* Nova York, NY: Riverhead Books.

Aronica, L.; Robinson, K. 2009. *The Element: How Finding Your Passion Changes Everything.* Londres: Penguin Books.

Duhigg, C. 2016. *Smarter, Faster, Better: The Secrets of Being Productive in Life and Business.* Nova York, NY: Random House.

51. Pink, D. 2009. *Drive: The Surprising Truth about What Motivates Us.* Nova York, NY: Riverhead Books.

52. Duhigg, C. 2016. *Smarter, Faster, Better: The Secrets of Being Productive in Life and Business.* Nova York, NY: Random House.

53. Bandura, A. 2006. *Toward a Psychology of Human Agency.* Perspectives on Psychological Science. 1 de junho de 2006.

54. Dweck, C. 2006. *Mindset: The New Psychology of Success.* Nova York, NY: Random House Publishing Group.

     Duckworth, A. 2016. *Grit, The Power of Passion and Perseverance.* Nova York: Simon & Schuster.

     Bandura, A. 2006. *Toward a Psychology of Human Agency.* Perspectives on Psychological Science. 1 de junho de 2006.

55. Landon, H. C. R. 1990. *1791: Mozart's Last Year.* Londres: Flamingo.


## CAPÍTULO 8

56. Caldicott, S.; Gelb, M. 2008. *Innovate Like Edison—the success system of America's greatest inventor.* Nova York: Penguin Group.

57. Edison's Papers, 19 de junho de 1884. Acessado em 3 de novembro de 2020. http://edison.rutgers.edu/NamesSearch/SingleDoc.php?DocId=D8429ZAO.


## CAPÍTULO 9

58. Fontan, J.; Twani, E. 2009. *The Unwakened Potential.* São Paulo: Anais EDUTEC.

     Fontan, J.; Twani, E. 2014. *A Glimpse of Fontan Relational Education.* Fort Lauderdale, FL. Acessado em 3 de novembro de 2020. https://www.learning1to1.net/articles.

59. diSessa, A. 2000. *Changing Minds: Computers, Learning, and Literacy.* Cambridge, MA: MIT Press.

Linn, M.; His, S. 2000. *Computers, Teachers, Peers: Science Learning Partners*. Mahwah, NJ: Lawrence Erlbaum Associates.

60. Bruner, J. S.; Olver, R. R.; Greenfield, P. M.; et al. 1966. *Studies in Cognitive Growth*. Nova York: John Wiley & Sons.

61. Lea, S. J., D. Stephenson; J. Troy 2003. *Higher Education Students' Attitudes to Student Centered Learning: Beyond 'educational bulimia'*. Studies in Higher Education 28(3), 321-334.

62. Ericsson A.; Pool R. 2016. *Peak: Secrets from the New Science of Expertise*. Nova York, NY: Mifflin Harcourt Publishing Company.

63. Gardner, H. 1993. *Multiple Intelligences: The Theory in Practice*. Nova York: Basic Books.

64. Bandura, A. 1997. *Self-efficacy: The Exercise of Self-Control*. Nova York: W.H. Freeman.

65. Bloom, B. 1984. *The 2 Sigma Problem: The Search for Methods of Group Instruction as Effective as One to One Tutoring*. Educational Researcher, 13(6), 4-16.
    Ausubel, D. P.; Robinson, F. G. 1969. *School Learning: An Introduction to Educational Psychology*. Nova York: Holt, Rinehart & Winston.
    Marzano, R.J. 2003. *What Works in Schools: Translating Research Into Action*. Alexandria, VA: ASCD.

66. Benson, P.; Voller, P. 1997. *Autonomy and Independence in Language* Learning. Nova York, NY: Routledge.

67. Ausubel, D.; Novak, J. D.; Hanesian, H. 1968. *Educational Psychology: A Cognitive View*. Nova York, NY: Holt, Rinehart, and Winston.

68. Marzano, R. J.; Pickering, D. J.; Pollock, J. E. 2001.*Classroom instruction that works: Research-based strategies for increasing student achievement*. Alexandria, VA: Association for Supervision and Curriculum Development.
    Beamish, J.; Trackman, T. 2019 *The Creative Brain*. Nova York, NY: New Balloon.

69. Fitts, P. M.; Posner, M. I. 1967. *Human performance*. Oxford: Brooks/Cole.

70. Chambliss, D. 1989. *The mundanity of Excellence: An Ethnographic Report on Stratification and Olympic Swimmers.* Hamilton College.

71. Dispenza, J. 2008. *Evolve Your Brain: The Science of Changing Your Mind.* Deerfield Beach, FL: Health Communications, Inc.

72. Latham, G.; Locke, E. 2002. *Building a Practically Useful Theory of Goal Setting and Task Motivation: A 35-Year Odyssey.* American Psychologist 57, nº. 9 (2002): 705–717.

     Milne, S.; Orbell, S.; Sheeran, P. 2002. *Combining Motivational and Volitional Interventions to Promote Exercise Participation: Protection Motivation Theory and Implementation Intentions.* British Journal of Health Psychology 7 (maio de 2002): 163–184.

     Calderon, S.; Charney, D. S.; Cohen, H.; Feder, A.; Kim, J. J.; Mathé, A. A.; Wu, G. 2013. *Understanding Resilience.* Frontiers in Behavioral Science, 15 de fevereiro de 2013.

## CAPÍTULO 10

73. Bandura, A. 2006. *Toward a Psychology of Human Agency.* Perspectives on Psychological Science. 1 de junho de 2006.

     Ericsson A.; Pool R. 2016. *Peak: Secrets From the New Science of Expertise.* Nova York, NY: Mifflin Harcourt Publishing Company.

## CAPÍTULO 11

74. Bandura, A. 2006. *Toward a Psychology of Human Agency.* Perspectives on Psychological Science. 1 de junho de 2006.

     Pink, D. 2009. *Drive: The Surprising Truth about What Motivates Us.* Nova York, NY: Riverhead Books.

75. Learn About Concept Maps. IHMC. Acessado em 3 de novembro de 2020. http://cmap.ihmc.us/docs/learn.php.

## CAPÍTULO 13

76. Albers, D. J.; Alexanderson, G. L.; Reid, C., eds. 1990. *George B. Dantzig. More Mathematical People.* San Diego, CA: Harcourt Brace Jovanovich.

77. Educação Básica teve 47,3 milhões de matrículas em 2020. Acessado em 17 de novembro de 2021. https://www.gov.br/pt-br/noticias/educacao-e-pesquisa/2021/01/educacao-basica-teve-47-3-milhoes-de-matriculas-em-2020.

78. Ocean Cleanup. Acessado em 3 de novembro de 2020. https://theoceancleanup.com/.

79. Wamsley, L. 2017. *Troubled By Flint Water Crisis, 11-Year-Old Girl Invents Lead-Detecting Device.* 20 de outubro de 2017. Acessado em 3 de novembro de 2020. https://www.npr.org/sections/thetwo-way/2017/10/20/559071028/troubled-by-flint-water-crisis-11-year-old-girl-invents-lead-detecting-device.

80. Cameron, C. 2015. *Kenyan teenager converts his school's poop into safe, clean energy.* Acessado em 3 de novembro de 2020. https://inhabitat.com/kenyan-student-converts-schools-waste-yes-poo-into-safe-clean-cooking-fuel/.

81. Gilchrist, K. 2019. *The 10 Countries With the Fastest-Growing Earnings for Freelancers.* CNBC. 6 de agosto de 2019. Acessado em 3 de novembro de 2020. https://www.cnbc.com/2019/08/07/the-10-countries-with-the-fastest-growing-earnings-for-freelancers.html.

    Ben. 2019. *Freelance Statistics: The Freelance Economy in Numbers.* FreeTrain. 29 de agosto de 2019. Acessado em 3 de novembro de 2020. https://benrmatthews.com/freelance-statistics/.

82. Bandura, A. 1986. *Social Foundations of Thought and Action: A Social Cognitive Theory.* Nova Jersey: Prentice Hall.

    Bandura, A. 2006. *Toward a Psychology of Human Agency.* Perspectives on Psychological Science. 1 de junho de 2006.

www.ingramcontent.com/pod-product-compliance
Lightning Source LLC
Chambersburg PA
CBHW032008050726
47590CB00006B/2095